K.-P. Timpe

Zwischen Psychologie und Technik

Psychologie populär

Herausgegeben von
Prof. Dr. sc. Harry Dettenborn
(Leiter des Kollektivs),
Prof. Dr. sc. Jürgen Guthke,
Prof. Dr. Walter Mäder,
Doz. Dr. sc. Peter Richter
im Auftrag der Gesellschaft
für Psychologie der DDR
Band 1

Klaus-Peter Timpe

Zwischen Psychologie und Technik

VEB Deutscher Verlag
der Wissenschaften
Berlin 1988

mit 40 Abbildungen

Für die freundliche Unterstützung bei der Beschaffung der Abbildungsvorlagen danken wir Zentralbild (21), Zentralbild Hen/Schä (24), ADN-ZB/Schulz (58), ADN-ZB/Eicke (59), Opitz (60), VEB Leuna-Werke „Walter Ulbricht“ (61, 81), Dewag Berlin (90, 91), ZKI an der AdW der DDR, JW-Grat. (92, 93), VEB Kombinat Zentraler Industrieanlagenbau der Metallurgie (95), ADN-ZB/Lehmann (96), Robotron-Vertrieb ADN-ZB/Hirndorf (108)

ISBN 3-326-00262-9

Verlagslektor: Winfried Haenschke
Reihenentwurf: Ulrich Reuter
Titelgestaltung: H. und U. Reuter
Verlagshersteller: Sabine Ziebell

DDR - 1080 Berlin, Postfach 1216
Lizenz-Nr.: 206·435/45/87
Printed in the German Democratic Republic
Gesamtherstellung: Druckerei Schweriner Volkszeitung
LSV 0199
Bestellnummer: 571 582 7
00780

Inhalt

Vorwort

Ohne moderne Informationstechnik ist heute unser Leben kaum noch vorstellbar. In der Verwaltung, im Dienstleistungssektor, in der Schule und vor allem am Arbeitsplatz führt die rechnergestützte Informationsverarbeitung zu revolutionierenden Veränderungen. In diesem Zusammenhang trifft man auf unterschiedlichste Fragen. Zum Beispiel: Wird der Arbeitsprozeß abstrakter? Wird der Mensch aus dem Produktionsprozeß verdrängt? Wird die Arbeitstätigkeit auch interessant und anregend sein, oder wird nur noch die Freizeit schöpferische Anteile enthalten?

Auf diese und viele andere Fragen soll in der vorliegenden Broschüre eingegangen werden. Dabei wird zu belegen sein, daß eine Antwort nicht allein vom technischen Standpunkt aus möglich ist. Verschiedene Disziplinen sind notwendig, um in der Gegenwart und erst recht in der Zukunft die modernen Technologien wirksam einzusetzen.

Was hat nun die Psychologie mit diesen modernen Informationstechnologien zu tun? Und warum muß darüber ein Buch geschrieben werden?

Die vorliegende Broschüre will zeigen, daß die Entwicklung des Produktionsprozesses es heute erfordert, Probleme der genannten Art als interdisziplinäres Anliegen zu verfolgen. Damit soll nicht nur ein unverbindlicher Gedankenaustausch zu diesem Thema angeregt, sondern vor diesem Hintergrund die wachsende Verantwortung unserer Wissenschaft für das zukünftige Verhältnis von Mensch und Maschine dargelegt werden. Konkret kommt es darauf an zu verdeutlichen, daß die Qualität und Intensität der Wechselwirkung zwischen technischen und psychologischen Disziplinen mit der kontinuierlichen Weiterentwicklung beider Gebiete bei der Ausprägung eines sozialistischen Gesichts der Technik eine neue Qualität erreichen. Diese neue Qualität drückt sich darin aus, daß die Arbeitstätigkeit zur Hauptsphäre für die Persönlichkeitsentwicklung wird und damit entscheidende psychologische Beiträge möglich werden, um diese Ziele zu verwirklichen.

In diesem Band der neuen Reihe „Psychologie populär“ wird der thematische Bogen bewußt recht weit gespannt, um die Rolle der Psychologie sowohl in der Gegenwart als auch in ihrer Zukunft zu zeigen. Die Schwerpunkte liegen auf der Darstellung psychologischer Sachverhalte sowie solcher Arten von Tätigkeiten, die in Folge der wissenschaftlichen und technischen Entwicklung in den nächsten Jahren an Bedeutung gewinnen werden.

Wert wurde vor allem auf verständliche Lesbarkeit gelegt, daher der Verzicht auf sonst übliche Literaturverweise und weitreichende Definitionen. Jedoch findet der Leser am Ende des Bandes eine Zusammenstellung der Literatur, die den einzelnen Kapiteln zugrunde lag und aus der die genutzten Zitate stammen. Diese ausgewählten Quellen können gleichzeitig zur Vertiefung der Information aus dem Text verwendet werden.

Es bleibt dem Autor, Worte des Dankes an Professor Klix, Professor Hacker und Professor Mäder zu richten. Sie äußerten in vielen Diskussionen Hinweise, die dem Inhalt des Bandes zugute kamen. Darüber hinaus nahmen Prof. Hacker und Prof. Mäder die Mühen der Begutachtung des Manuskriptes auf sich. Meine Kollegen, vor allem J. Neumann und Dr. H. Wandke, gaben nützliche Ratschläge zur Stoffauswahl und Darstellung. Kollege Dettenborn, der die Reihe „Psychologie populär“ mitbetreut, half mit Geduld, verschiedentliche Klippen bei der Überarbeitung des Textes zu meistern. Die Unterstützung des Lektorats Psychologie (Leiter: Koll. Hertzfeldt), insbesondere von Koll. Haenschke, war der Arbeit an der Broschüre sehr dienlich. In umsichtiger Sorgfalt wurden die Schreibarbeiten von Frau Chr. Breitenfeld ausgeführt. Ihnen allen gilt ein herzlicher Dank.

Vom Leser wünsche ich mir möglichst viele Hinweise und Ergänzungsvorschläge. Mein größter Wunsch jedoch ist es, daß die Darstellung mit dazu beiträgt, die Leistungsmöglichkeiten der Psychologie in der sozialistischen Volkswirtschaft einem großen Kreis bekanntzumachen, so daß daraus neue Forderungen an die Arbeits- und Ingenieurpsychologie in der DDR erwachsen.

K.-P. Timpe

Berlin, Mai 1986

Teil 1:
Arbeit im Wandel der Zeit

„Im Anfang war die Arbeit! Nimm die Hand, ...
... deines Denkens kühne Flügel verdankst du ihr.“

Johannes R. Becher

Vom Ursprung der Arbeit

Omnia vincit labor –
die Arbeit besiegt alles

Arbeit ist in unserer Gedankenwelt mit den unterschiedlichsten Vorstellungen verknüpft. Der eine verbindet sie mit Anstrengung und Last; schon das mittelhochdeutsche „arebeit“ bedeutete ja soviel wie Not, Mühsal und kennzeichnet einen historisch bedeutsamen Aspekt dieses Begriffes. Andere wiederum sahen und sehen in der Arbeit die Erfüllung ihres Daseins, und wenn jemand mit Lust und Liebe arbeitet, so ist damit so ziemlich das Gegenteil der mittelhochdeutschen Bedeutung ausgedrückt. Allerdings findet man im Alltagsverständnis des Begriffes „Arbeit“ mitunter noch die negative Auffassung, etwa nach dem Motto: Wer arbeitet, leistet etwas, wer etwas leistet, muß sich auch anstrengen, und Anstrengung ist eben „belastend“. Es ist durchaus möglich, daß die Verknüpfung von negativ erlebter Anstrengung und Arbeit seit Beginn der Menschheitsgeschichte gegeben war und aus diesem Grunde nur in historisch zu erfassenden Zeitabschnitten zu überwinden ist. Denn erst mit der Auflösung des Widerspruches zwischen Erzeugung und Aneignung von Produkten, erst dann, wenn die unfreie Arbeit durch die Möglichkeit ersetzt ist, für sich selber zu arbeiten, können alle positiven, persönlichkeitsbildenden Seiten der Arbeit erschlossen werden. Dessen ungeachtet wurde jedoch die nützliche Arbeit als „eine von allen Gesellschaftsformen unabhängige Existenzbedingung des Menschen“ (Karl Marx) immer anerkannt und die Notwendigkeit zu arbeiten stets betont. Dabei gab es viele Bekundungen zu positiven Erlebnisqualitäten im Arbeitsprozeß. Schon im 9. Jh. v. d. Z. schrieb Hesiod „Arbeit schändet nicht“, der mittelalterliche Universaldenker und Philosoph Leonardo da Vinci beschäftigte sich mit Maßnahmen zur Erleichterung und Bewertung der Arbeit. Jahrhunderte später kämpften die Utopisten gegen arbeitsbedingte Mißstände, und namentlich Saint-Simon schrieb, daß „alle Menschen arbeiten sollen“. Voltaire erklärte, die Arbeit sei der Gesundheit des Leibes wie der Seele förderlich, und Schiller postulierte im Lied von der Glocke, daß die Arbeit des „Bürgers Zierde“ sei. In vielen Volksmärchen, betrachtet man diese als Zeugen ihrer Zeit und als Ausdruck von Moralnormen der Gesellschaft, wird nur durch Arbeit – und nicht etwa durch Müßiggang – eine Befreiung, Rettung oder Umwandlung zum Guten erreicht.

Die Arbeit als Last oder Lust zu charakterisieren ist offensichtlich auch unter Hinzunahme von Zeitbildern nicht ohne weiteres möglich. Sie macht die wichtigste Sphäre des menschlichen Lebens aus, und unterschiedlichste Sachverhalte aus dem Alltagsleben sind mit diesem Begriff verbunden. Die Tätigkeit eines Drehers an der Werkzeugmaschine wird jeder als Arbeit bezeichnen. Der Wochenendgärtner, der seinen Zaun setzt, hofft, mit seiner „Arbeit“ bald fertig zu sein, ein Artist „arbeitet“ am Trapez, der Künstler an einem Bild oder der Wissenschaftler an einer Publikation.

Bei der Frage, was denn nun das Allgemeine sei, das in allen Beispielen enthalten ist, bei der Frage also nach den Merkmalen des Begriffes Arbeit, wird man sicherlich folgender Festlegung zustimmen:

Arbeit ist die Tätigkeit im menschlichen Dasein, die mit Hilfe von Werkzeugen Werte schafft, menschliche

Bedürfnisse befriedigt und die Umgebung gesellschaftsbedingt verändert. Allerdings ließe eine solche Beschreibung noch einige wesentliche Sachverhalte außer acht, wenn sie allgemeingültig sein soll. So muß unbedingt ergänzt werden, daß der Mensch nicht für sich allein arbeitet, sondern stets in einer Gemeinschaft, in der die Aufgaben untereinander aufgeteilt sind. Jeder hat bestimmte Funktionen zu übernehmen, wobei die gegenseitigen Beziehungen der Menschen durch die Eigentumsverhältnisse geprägt werden, die damit den Charakter der Arbeit bestimmen. Diese Arbeitsteilung ist ein wesentliches Merkmal aller Arbeitstätigkeiten.

Ein weiteres Kennzeichen, das aus den Beispielen zwangsläufig folgt, muß bei der Bestimmung des Begriffes „Arbeit" unbedingt berücksichtigt werden: daß das Ergebnis der Arbeit allen Beteiligten bereits vor Fertigstellung des Produktes klar ist, in der Vorstellung des Menschen existiert, also bewußte Tätigkeit ist.

Für eine wissenschaftliche Analyse reichen diese Merkmale aber immer noch nicht aus. Wesentlich ist auch, ob die Arbeit Gebrauchswerte schafft oder nicht, ob sie privat oder gesellschaftlich geleistet wird usw. Diese Aspekte werden hier nicht weiter erläutert, und es sei nur darauf hingewiesen, daß erst eine sehr genaue Bestimmung des Begriffes Arbeit alle ihre Seiten eindeutig zu erfassen erlaubt und auch die Unterschiede in der Verwendung des Begriffes Arbeit, wie sie einleitend zum Ausdruck gebracht wurden, als Betonung einzelner Seiten des gleichen Sachverhaltes verständlich macht.

Die Arbeit des Künstlers, vom Standpunkt der Produktion von Gebrauchswerten aus betrachtet, dient nicht direkt dem Herstellen eines Produktes. Daher wird sie als nichtproduktiv bezeichnet. Im Gegensatz hierzu steht beispielsweise die Tätigkeit eines Drehers, in der ein Produkt unmittelbar hergestellt wird und die daher als produktive Arbeit bezeichnet wird. Das wiederum heißt aber nicht, unproduktive Arbeit sei überflüssige, unnötige Tätigkeit. Derartige Festlegungen dienen lediglich dazu, unterschiedliche Aspekte des Begriffes Arbeit zu klären, denn ohne solche exakten Festlegungen würde eine Diskussion über Probleme der Arbeit sehr rasch zu Mißverständnissen führen.

Verzichtet man bewußt auf solche Klärungen, so ist eine Verständigung nicht möglich. Die Neuschöpfung der Begriffe „Arbeitgeber" bzw. „Arbeitnehmer" macht die Zielsetzung derartigen unwissenschaftlichen Sprachgebrauches deutlich. Mit „Arbeitgeber" sind nicht diejenigen gemeint, die Werte erzeugen, sondern diejenigen, die die Resultate der Arbeit „nehmen" ...

Im heutigen wissenschaftlichen Sprachgebrauch wird von den grundlegenden Ausführungen von Marx im Kapital ausgegangen, wenn die Kategorie Arbeit zu bestimmen ist. Dort wird die Arbeit als bewußte und zweckmäßige Tätigkeit des Menschen im Prozeß seiner Auseinandersetzung mit der Natur in umfassender und klarer Weise erläutert und für die Philosophie als Basiskategorie begründet. Marx schrieb:

„Am Ende des Arbeitsprozesses kommt ein Resultat heraus, das beim Beginn desselben schon in der Vorstellung des Arbeiters, also schon ideell, vorhanden war. Nicht, daß er nur eine Formveränderung des Natürlichen bewirkt, er verwirklicht im Natürlichen zugleich seinen Zweck, den er weiß, der die Art und Weise seines Tuns als Gesetz bestimmt und dem er seinen Willen unterordnen muß ..."

Arbeit ist also keine psychologische Kategorie, wenn sie auch die entscheidende Bedingung für die Entwicklung psychischer Prozesse ist. Genaugenommen sind die Beziehungen zwischen Arbeit und der menschlichen Qualität psychischer Phänomene so alt wie die Menschheit selbst.

Diese Ausgangsbehauptung könnte ein Blick in die Vergangenheit belegen. Er würde zeigen, seit wann bzw. unter welchen Bedingungen man überhaupt von Arbeit sprechen kann und in welchem Zeitabschnitt sich das von Marx als Arbeit charakterisierte Wechselverhältnis zwischen Mensch und Natur herausgebildet hat. Da Ar-

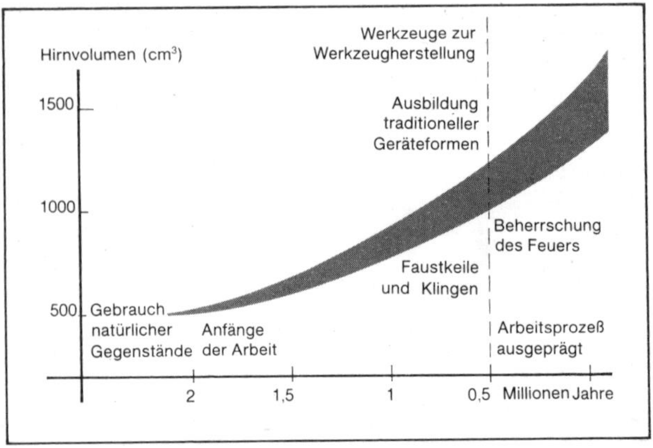

Entwicklungsstadien des Arbeitsprozesses und einige Beispiele für Arbeitsmittel und Technologien.

beit ohne Arbeitsmittel nicht möglich ist, müßten wir bei diesem Rückblick auch auf die ersten Werkzeuge stoßen – und damit auf den Ursprung der Technik.

Dieser Problemkomplex ist von weitreichender praktischer Bedeutung. Zum einen geht es hierbei um das Aufdecken der Gesetzmäßigkeiten im Werden der menschlichen Gesellschaft allgemein. Denn die Arbeit war die grundlegende Triebkraft dieser Entwicklung, wie schon Engels in seiner Schrift „Der Anteil der Arbeit an der Menschwerdung des Affen" zeigte und wie viele Ergebnisse heutiger Forschungen immer wieder bestätigen. Das führt uns unmittelbar an die biologischen und gesellschaftlichen Wurzeln der Menschheitsentwicklung.

Zum anderen – und dies ist für unsere Thematik genauso bedeutungsvoll – kann eine historische Betrachtung dazu anregen, aktuelle Konsequenzen des Tätigkeitswandels gründlich zu überdenken. Beachten wir: Die heutigen Proportionen von körperlicher und geistiger Arbeit bildeten sich bekanntlich als Anpassungsergebnis an veränderte Umgebungsbedingungen in Millionen Jahren heraus. Und gerade eben schickt der

Mensch sich an, seine allgemeinen Lebensbedingungen mit Hilfe des wissenschaftlich-technischen Fortschritts derart zu formen, daß diese Beziehungen zwischen körperlichen und geistigen Leistungsanteilen erheblich umgewandelt, ja revolutioniert werden, so daß man sich der Lösung damit verknüpfter Gegenwartsprobleme konsequent stellen muß. Konsequent stellen heißt, die Möglichkeiten und Folgen der wissenschaftlich-technischen Entwicklungen in allen Bereichen menschlicher Existenz in ihrer Wechselwirkung zu berücksichtigen und damit erwünschte Wirkungen der Technik wissenschaftlich vorbereiten und nutzen zu können. Eine nähere Beschäftigung mit diesem Gegenstand führt hinein in die verschiedensten natur-, technik- und gesellschaftswissenschaftlichen Disziplinen, die eine nahezu unübersehbare Fülle an Fakten, Schlußfolgerungen oder Spekulationen hierzu vorgelegt haben ...

Die Anfänge der Arbeit sind zu einem Zeitpunkt vor etwa 2 Millionen Jahren nachzuweisen. Die Arbeit wird neben den sozialbiologischen Bedingungen zu einem neuen Evolutionsfaktor, der die Menschwerdung einleitete (Abb. s. S. 14).

Bewußte zielgerichtete Tätigkeit mit den dazu notwendigen psychischen Komponenten, wie Zielsetzung, Erkennen, Klassifizierung und Verknüpfen von Informationen usw., ist für die Zeit des Homo sapiens als sicher anzunehmen, und hier ist die „Arbeit in einer Form, worin sie dem Menschen ausschließlich angehört" (Marx) nachweisbar. Der Homo sapiens wurde ein „Gesellschaftswesen" – zoon politikon, wie Aristoteles formulierte –, sein Wesen ist in dem Sinne immer mehr das „Ensemble gesellschaftlicher Verhältnisse", wie es ihm gelingt, seine erworbenen Persönlichkeitseigenschaften im Arbeitsprozeß und im Zusammenleben für die Gemeinschaft zu nutzen. Mit jeder neuen, höheren Form von Lebewesen in der Urgeschichte ist auch eine Höherentwicklung der Leistungsfähigkeit der Werkzeuge verbunden und damit auch der Anfang der Technik gegeben.

Die Urgeschichte des Arbeitsprozesses belegt, daß nur jene psychophysischen Dispositionen des Menschen sich entwickelten und ausprägten, die neben den biologischen den gesellschaftlichen Bedingungen entsprachen und zu ihrer Weiterentwicklung beitrugen.

Vor dem Hintergrund der eingangs skizzierten, auch für unsere Zeit gültigen Gesetzmäßigkeit wird nach diesem Exkurs in das Vorfeld der Arbeit die Entwicklung der Arbeitstätigkeit in Verbindung mit der Technik betrachtet.

Anforderungsrevolution und Psychologie

Nicht was gemacht wird, sondern das Wie ist entscheidend

Im folgenden sollen die wichtigsten Etappen des wissenschaftlich-technischen Fortschritts skizziert werden. Dies ist sowohl dem Verständnis unterschiedlicher Probleme der Psychologie-Technik-Beziehung als auch für entsprechende Gestaltungsstrategien des Mensch-Maschine-Systems in der Gegenwart nützlich.

Werkzeuge und im weiteren Sinne Arbeitsmittel verkörpern den Wissensstand einer Gesellschaft. Das wissenschaftlich-technische Niveau ist somit in Wechselwirkung mit den Produzenten wesentliche Entwicklungsbedingung für die Gesellschaft. Dies gilt sowohl für den Zeitraum in der Größenordnung sozialökonomischer Formationen (z. B. Urgesellschaft, Sklaverei) wie auch innerhalb eines Arbeitslebens. Während zu Beginn der Menschwerdung vor allem die biologischen Funktionen im Sinne der Anpassung an neue Umweltbedingungen verändert wurden, wirkt sich heute der Einfluß der Technik vor allem auf die gesellschaftlichen und individuellen Bereiche aus. „Nicht was gemacht wird, sondern wie, mit welchen Arbeitsmitteln gemacht wird, unterscheidet die sozialökonomischen Epochen“ (Marx). Dieses „wie“ ist es also, mit dem man sich genauer auseinanderset-

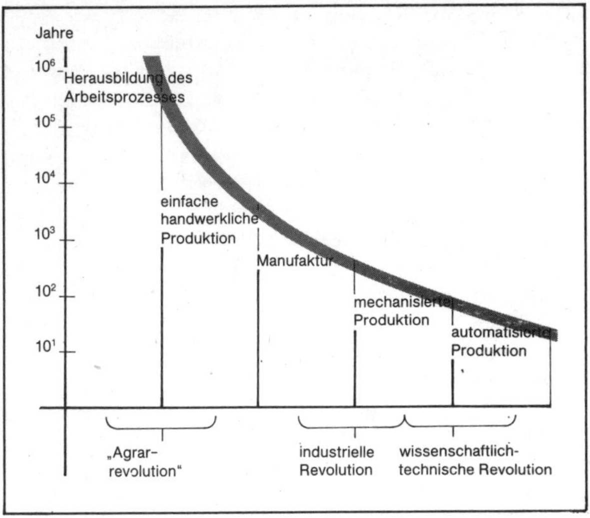

Schematische Darstellung der grundlegenden Veränderungen im System Mensch–Technik und die Zeitdauer ihres „Überganges“.

zen muß und das die Leistungsfähigkeit der Produktion heute bestimmt. Die Entwicklung der Technik macht es erforderlich, daß der Mensch sich in historisch wesentlich kürzeren Zeiträumen als je zuvor auf die von ihm geschaffenen „technischen“ Bedingungen im Arbeitsprozeß einstellen muß. Zum Vergleich sei daran erinnert, daß es etwa eine Million Jahre dauerte, bis sich der Homo erectus als „Werkzeugmacher“ in neuer Qualität mit seiner Umwelt auseinandersetzen konnte. Lediglich 50000 bis 60000 Jahre nahm es in Anspruch, bis wiederum die vielen Varianten in der Fertigung handgeführter Faustkeile überwunden wurden und „Fernwaffen“ entstanden. Kaum ein Jahrtausend verging, bis man von der Nutzung des Windes und des Wassers mittels Mühlen zur Dampfmaschine als dem „großen Agent“ der Industrie übergehen konnte, und kaum ein Jahrhundert brauchte es von der Mechanisierung zur Automatisierung (Abb. s. S. 17). Diese außerordentliche Beschleunigung der Produktivkraftentwicklung stellt uns heute vor schwerwiegende Probleme. Ein erstes bezieht sich auf Aussagen darüber, ob und inwieweit der technisch bedingte Wandel in der Arbeitstätigkeit auch heute noch Einfluß auf biologische Veränderungen nehmen kann oder nehmen wird. Genanntes Problem, das vorwiegend aus der Sicht biologisch-medizinischer oder gesellschaftswissenschaftlicher Fachgebiete aufzugreifen ist, wird im folgenden nicht erörtert. Vielmehr sollen als zweites Problem die Veränderungen in den Merkmalen der Arbeitstätigkeit sowie die Konsequenzen der Technik für das Individuum und die Gesellschaft untersucht werden.

Um diesen Sachverhalt in hier angemessener Weise darlegen zu können, gilt es zunächst, (1) eine zweckmäßige Systematik für diesen Gegenstand, d. h. die Analyse des Systems Mensch–Technik, zu schaffen. Zweckmäßig bedeutet hier, daß die jeweilige Stellung des Menschen in der Produktion und speziell zu den Arbeitsmitteln ersichtlich sein soll. Hierfür bieten sich die von Marx benannten verschiedenen ökonomischen Epochen als Grobgliederung an. Er unterscheidet, bezogen auf die Stellung des Menschen in der Produktion, die Etappe der einfachen handwerklichen Produktion, die Manufaktur, die maschinelle und die automatisierte Produktion. Weitere Differenzierungen, wie sie z. B. aus technisch-historischer oder technikwissenschaftlicher Sicht möglich sind, können hierin ohne weiteres untergebracht werden. Neben dieser Systematik muß weiterhin (2) eine beispielhafte Auswahl der „Technikrepräsentanten“ vorgenommen werden. Beispielhaft soll hier heißen, daß sowohl der exemplarische Charakter der Aussagen bei der unübersehbaren Fülle des Materials gewahrt bleibt und daß nur jene Themen berührt werden, die einen Beitrag zum Grundanliegen „Psychologie und Technik“ liefern.

Maschinen statt Hand-Werkzeug – eine industrielle Revolution

Meilensteine der Technik

Bedingt durch ökonomische Gegebenheiten und günstige „Standortbedingungen“ war vor allem Italien ein Land, das „Riesen an Denkkraft, Leidenschaft und Charakter, an Vielseitigkeit und Gelehrsamkeit“ (Engels) hervorbrachte und wo technische Entwicklungen in großer Zahl entstanden. Das Ideal dieser „Riesen“ verkörperte Leonardo da Vinci am vollkommensten. Es gibt

Effektivität der Arbeit war bereits im Altertum Gegenstand menschlichen Denkens, z. B. im Zusammenhang mit dem Pyramidenbau. In der Abb. ist ein Beispiel für Leonardo da Vincis Überlegungen zum Arbeitsstudium gegeben: Treppensteigen wird erleichtert, wenn man sich mit den Händen auf den Beinen abstützt (nach Hackstein 1977).

kaum ein Gebiet, auf dem er nicht Ungewöhnliches leistete und vielfach Gedanken späterer Generationen vorwegnahm. In der Bewässerungstechnik, Architektur, Mechanik, Kriegstechnik usw. belegen seine Zeichnungen und Entwürfe den umfassenden Bogen seines Denkens (Abb. s. S. 19). Unter wissenschaftstheoretischen Gesichtspunkten ist die Feststellung interessant, daß er den Zusammenhang von Wissenschaft und Produktion darin sah, daß „... das Buch der Wissenschaft ... vor dem Buch der Anwendung derselben ...“ kommt.

Weitere hervorragende Ereignisse in der Technikgeschichte gruppieren sich um Erfindungen im Bereich des Hüttenwesens, des Bergbaus und der Schiffahrt. Pumpwerke unterschiedlichen Ausmaßes und verschiedener Wirkungsprinzipien sicherten dem Bergmann das Vordringen in große Tiefe, die Ablösung des Thomasverfahrens durch das Herdfrischen mit Hilfe von Gebläsen ermöglichte eine außerordentliche Steigerung der Stahlgewinnung – die entscheidende Voraussetzung für das folgende Maschinenzeitalter. Auch die Entwicklung nautischer Geräte auf der Basis entsprechender Vorformen und bekannter Wirkungsprinzipien ermöglichte im Zusammenhang mit verbesserter Schiffstechnik die „eigentliche Entdeckung der Erde“ und war von entscheidender Bedeutung für die Anfänge der industriellen Revolution.

Dieser Zeitabschnitt, der in England etwa von 1800 bis 1850 und in Deutschland etwa von 1850 bis 1900 den Entwicklungsgang der Manufakturzeit ablöste, ist durch die Konstruktion von Maschinen gekennzeichnet, die dem Bedürfnis nach hoher Produktivität Rechnung trugen (Abb. s. S. 21). Spinnmaschine und Webstuhl wurden zwischen 1733 und 1799 entscheidend verbessert, das Puddelverfahren revolutionierte 1783 die Stahlherstellung, der Maschinenbau entwickelte sich rasch, ebenso wie die entsprechenden Produktionsstätten für das notwendige Zubehör. In diesem unmittelbaren Zusammenhang ist die Bereitstellung der notwendigen Energie zu sehen, um die neuentstandenen Arbeitsma-

Blick in eine Fabrik des 19. Jahrhunderts: Werkstatt mit Transmissionstrieb für den Gruppenbetrieb von Maschinen.

schinen wirksam antreiben zu können. Auf der Basis vieler technischer Vorformen zur Nutzung der Dampfkraft gelang es J. Watt 1769, neue Wirkungsprinzipien zu realisieren und die erste wirkliche Dampfmaschine zu betreiben, die 1776 in der Praxis eingeführt wurde. Mit dieser Maschine und vielen Detailverbesserungen stand am Ende des 19. Jahrhunderts für die Arbeitsmaschine ein universeller, effektiver Antrieb zur Verfügung, der „Agent der großen Industrie", wie er von Marx bezeichnet wurde. Weitere Modifizierungen wurden vorgenommen und sicherten auf Grund spezieller Arbeitsbedingungen eine gewinnbringende Produktion.

Die Folgen dieser schlaglichtartig gekennzeichneten Entwicklung vom Hand-Werkzeug zur „Maschinerie" einschließlich der an sie geknüpften technischen Mittel waren in nahezu allen Bereichen des gesellschaftlichen Lebens außerordentlich. Gemäß der erläuterten Systematik werden hier die Auswirkungen auf die Tätigkeitsanforderungen, allgemein auf den Arbeitsinhalt, herausgegriffen.

Handgriffe contra handwerkliches Geschick

Um Aussagen über den Arbeitsinhalt in der technisch charakterisierten Epoche zu gewinnen, muß man sowohl das Kulturgut dieser Zeit wie auch die bekannten und vermuteten Betätigungsmöglichkeiten in ihrer historischen Bedingtheit betrachten.

Die handwerkliche Produktion war und ist durch eine hohe Selbständigkeit und Vielfalt der zur Produktion notwendigen Handlungen gekennzeichnet. Jeder Handwerker verwendet Arbeitsmittel, die über viele Jahrhunderte gleichgeblieben und nur langsam vervollkommnet wurden. Diese langsame Veränderung der Arbeitsmittel wurde meist als Geheimnis gehütet und als Erfahrung von Generation zu Generation „vererbt". Auch das Zusammenfassen spezialisierter Gewerke zu Zünften änderte daran nichts, im Gegenteil, nun war es das Bestreben, die Produktionsgeheimnisse „kollektiv" zu hüten. Typisch und die Arbeitsmotivation bestimmend dürfte es weiterhin gewesen sein, daß jeder Handwerksmeister die Gesamtheit der Produktion und speziell die Vielfältigkeit der Werkzeuge beherrschen und sie allseitig anwenden mußte. Typisch war weiterhin die Stabilität des „Arbeitsplatzes" auf der Basis der hohen, individuell erworbenen Qualifikation.

Der Zwang zu steigender Produktivität, also zur Verkürzung der für ein Produkt benötigten Arbeitszeit, löste die zunfthandwerkliche Produktion durch die Manufaktur ab. Entscheidender Unterschied, genauer gesagt Fortschritt gegenüber der manufakturmäßigen Produktion, war die Arbeitsteilung. Hierfür gab es zwei Organisationsformen: die organische und die heterogene Form. Das bedeutet, daß der einzelne die Teile einer Ware stets gleichbleibend herstellte und sie dann zu einem Produkt zusammensetzte, oder aber er verrichtete stets gleichartige Operationen, wobei der Werkstoff verschiedene Stationen durchlief.

Die Unterschiede zwischen der Zunft und Manufaktur betrafen kaum die Technik, sondern – unter dem Aspekt des Arbeitsinhaltes – die Arbeitsorganisation und -teilung. Die im Handwerksbetrieb vorherrschenden Arbeiten wurden in Einzelhandlungen gegliedert und untereinander getrennt. „Einerseits führte daher die Manufaktur zur Teilung der Arbeit im Produktionsprozeß oder entwickelte sie weiter, andererseits kombinierte sie früher geschaffene Handwerke.“ Der Arbeiter wurde „ein Teilarbeiter, dessen handwerkliches Geschick nach wie vor das Gesamtprodukt bestimmte“ (Marx). Die Geschicklichkeit des Handwerkers war notwendig und gefragt, so daß hierdurch Arbeitseinstellung und Motivation gefördert wurden. In der Manufakturperiode kamen bereits Elemente der maschinellen Technik vor. Einfache Maschinen wurden Grundlage der Produktion. Sie waren zwar vorwiegend auf die Sicherung der Energiezufuhr orientiert, die Potenzen dieser Produktionsmittel standen jedoch sehr bald im Widerspruch zur Manufakturtechnik. Neue Technologien führten bereits im Manufakturzeitalter zur Spezialisierung der Arbeitsmittel, d. h. in diesem Falle, sie wurden vereinfacht und an den Spezialisten angepaßt. Dies zog eine Verringerung der Qualifikationserfordernisse der Arbeiter nach sich und bedingte ihr zahlenmäßiges Anwachsen. Andererseits waren jedoch wieder Spezialisten für die Herstellung entsprechend zusammengesetzter Maschinen notwendig, Maschinen, die erstmals in der Menschheitsgeschichte in breitem Maße körperliche Arbeit ersetzen konnten. Das hatte zur Folge, daß der Unternehmer, wollte er im Konkurrenzkampf überleben, Konstruktion, Fertigung und Einsatz der Maschinen sehr gründlich planen mußte, den Produktionsprozeß quasi wissenschaftlich vorzubereiten gezwungen war. In dieser Phase, die Engels als die „Sturm- und Drangperiode der Produktiv-

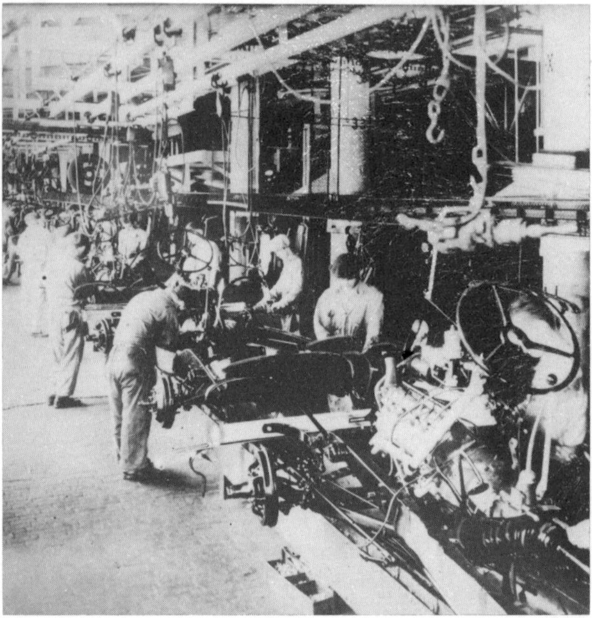

Das Fließband ist Beispiel höchster Arbeitszergliederung, deren Effektivität jedoch heute durch andere arbeitsorganisatorische Lösungen überboten werden kann. Die Abb. zeigt ein Fließband in den Ford-Werken 1928.

kräfte" bezeichnete, änderte sich somit das Verhältnis von Wissenschaft und Produktion grundsätzlich. Die mit dieser industriellen Revolution verbundene Mechanisierung im 18. und 19. Jahrhundert brachte den Lohnarbeiter hervor, der sich den Zwangsbedingungen der kapitalistischen Produktionsweise anzupassen hatte. Damit veränderte sich für ihn u. a. der Arbeitsinhalt gewaltig. Die Einschränkung der Arbeitstätigkeit auf einfache, stets gleichartige Handgriffe u. a. führte zu einer starken Simplifikation der Arbeitstätigkeit bei hoher Produktivität. Dabei wurden aber genau jene Komponenten, die die Arbeit erst menschenwürdig machen, zugunsten höchster Arbeitszergliederung weitgehend zurückgedrängt. Geistige Anforderungen, Verantwortlichkeit, Kooperation, Kommunikation und anderes klammerte man aus der Tätigkeit bewußt aus, und die Trennung von geistiger und körperlicher Arbeit nahm damit auch dem Lohnarbeiter jeglichen Sinn seiner Arbeitsaufgaben. Die Marxsche dialektische Charakteristik des Menschen als „arbeitendes Tier" verdeutlicht prägnant diese mit dem Kapitalismus beginnende und sich in der Folgezeit verschärfende Divergenz zwischen technischem Fortschritt und Arbeitsanforderungen in ihren persönlichkeitsdegradierenden Auswirkungen (Abb. s. S. 24).

Der Mensch als „Anhängsel der Technik" war lediglich dann Gegenstand naturwissenschaftlicher Betrachtungen des Produktionsprozesses, wenn Rentabilitätsüberlegungen anzustellen waren.

Denk-Zeuge im Einsatz – eine wissenschaftlich-technische Revolution

Auf dem Wege zur „intelligenten Technik" ...

Von der Jahrhundertwende an und fortdauernd bis zur Gegenwart vollzogen und vollziehen sich gewaltige Veränderungen in Wissenschaft und Technik in immer rascherem Tempo. Sie berühren heute nahezu alle Lebenssphären und erreichen in der wissenschaftlich-technischen Revolution eine neue Qualität. „Meilensteine" auf diesem Weg zu setzen ist sicher Sache der Technikwissenschaften, aber wichtige Entwicklungslinien müssen zum Verständnis psychologischer Wirkungsmöglichkeiten benannt werden.

Technische Neuerungen, Erfindungen und Entwicklungen sowie bessere Technologien lassen sich in allen Industriebereichen finden. Nachhaltige Impulse gingen vor allem von den Bereichen der Energiegewinnung, der Elektrotechnik und der Nachrichtenübermittlung aus.

Fast könnte man sagen, daß wir es hier in ähnlichem Sinne wie bei der Dampfmaschine mit dem „modernen Agent“ der Industrie zu tun haben: Der Elektromotor, theoretisch und praktisch schon seit 1830 vorbereitet und durch W. von Siemens für den Einsatz in der Produktion weiterentwickelt, konnte seit etwa 1900 für den direkten Einbau in unterschiedlichste Werkzeugmaschinen verwendet werden. Sehr bald wurden weitere Arbeits- und Transportmittel mit dem neuen Antrieb ausgerüstet, z. B. gab es bereits 1910 die erste elektrische Lokomotive. Die riesigen Fortschritte bei der Elektroenergieerzeugung und die neuen Möglichkeiten ihrer Fernübertragung ebneten der Wirtschaft und dem Verkehr weitere Entwicklungswege. Vom „russischen Licht“ – der Russe Jablotschkov stellte 1868 die erste brauchbare Bogenlampe her – bis zur massenhaften Glühlampenverwendung vergingen kaum 25 Jahre. Die durch diese Entwicklungen im Wirtschafts- und gesellschaftlichen Leben außerordentlich gestiegenen Kommunikationsbedürfnisse wurden schrittweise und stets mit höherer Qualität befriedigt: Nach dem ersten Weltkrieg konnten die klassischen Bauelemente wie Elektronenröhre, Kondensator, Spule und Widerstand effektiv gefertigt werden, auch die Tonaufzeichnung mittels Schallplatte und magnetischem Stahlband wurde in den 20er Jahren möglich, erste Fernsehübertragungen fanden Anfang der 30er Jahre mit Hilfe der Elektronenstahlröhre statt usw. Weitere entscheidende Wirklinien der Technik gruppieren sich um die Schwerindustrie. Seit den 20er und 30er Jahren bis in die heutige Zeit hinein bildeten Eisen und Stahl z. B. die Grundlage für den Maschinen- oder Schiffsbau, wobei vor allem die Produktionsmethoden verbessert wurden (Siemens-Martin-Verfahren, Entwicklung des Walzens, Schneidens usw.). Auch die chemische Industrie (z. B. Herstellung von Kunststoffen), der Fahrzeugbau und vieles andere mehr erlangten neue Dimensionen in Forschung und Anwendung. Es entstanden mächtige Konzerne und Trusts.

Die technischen Entwicklungen und ihre wissenschaftliche Fundierung, von der hier einige Beispiele genannt wurden, zogen in den 50er und 60er Jahren grundlegende Veränderungen der Elemente des Produktionsprozesses nach sich. Diese bildeten die Basis der wissenschaftlich-technischen Revolution, deren technische Repräsentanten heute in der flexiblen Automatisierung und der Einführung von Informationstechnologien zu finden sind. Gleichzeitig wurden auch wissenschaftliche Entwicklungslinien begründet, die sich gegenwärtig auf dem Sektor der Kernenergie oder der Raumfahrt abzeichnen und die auch die moderne Militärtechnik bestimmen.

Eingedenk des gewählten exemplarischen Darstellungsprinzips sollen als Abschluß dieser technik-historischen Skizze einige für die Psychologie interessante Aspekte der Informationstechnologien und der Automatisierung gekennzeichnet werden.

Zweifellos zählt hierbei die Automatisierung zu den bedeutsamsten Sachverhalten. Damit wurde es möglich, den Menschen innerhalb exakt definierter Bereiche von körperlichen wie geistigen (z. B. Kontrolle) Arbeitstätigkeiten zu entlasten. Automatisiert werden vorrangig jene Komponenten des Arbeitsprozesses, die einen hohen Wiederholungsgrad aufweisen – und zwar im physischen wie kognitiven Bereich. Der Zeitabschnitt, in dem diese Möglichkeiten wirtschaftlich nutzbar wurden, war relativ kurz, obwohl Automaten die Geschichte der Menschheit seit dem Altertum begleiteten. Praktisch wirksam wurden aber erst zwischen 1930 und 1940 die sog. Halbautomaten, deren Arbeitsablauf und -ergebnisse noch durch den Werktätigen kontrolliert werden mußten. Bereits um 1940 konnte man mittels Fotozellen die Maschinenbewegungen leiten, und Anfang 1950 wurde mit Hilfe von Programmsteuerungen (Lochkarte, Magnetband) der Arbeitsablauf wesentlich detaillierter und umfassender gesteuert. Allerdings mußten auch hierbei noch bei Abweichungen die Eingriffe vom Menschen vollzogen werden.

Mit Verfahren, die während des Herstellungsprozesses die geforderten Abmessungen erfassen und mit den Sollwerten vergleichen, konnte bald auch auf die menschliche Arbeitsfunktion des „Soll-Ist-Wert-Vergleiches“ im Prinzip verzichtet werden. Die Reglungstheorie und ihre Anwendung in den 60er Jahren erreichten ein hohes Niveau und führten hin zu einer qualitativ neuen Stufe der Automatisierung. Diese wurde übrigens mitbedingt und dadurch möglich, daß der skizzierte Fortschritt etwa zeitgleich auf den ganzen Fertigungs- bzw. Bearbeitungsprozeß ausgedehnt wurde. Von der Transferstraße in den 20er Jahren bis zur ersten vollautomatisierten Fabrik (1950 in Moskau in Betrieb genommen) vollzog sich der Übergang von der mechanischen zur automatischen Fertigung, die wir gegenwärtig und zukünftig mitgestalten. Durch technische Weiterentwicklung entstehen flexible Fertigungssysteme, bei denen zentrale Steuereinheiten technologisch geschlossene und übergreifende Einheiten lenken. Aktueller Höhepunkt ist die integrierte Fertigung, die vor etwa 10 Jahren in die Produktion eingeführt wurde (Abb. s. S. 58).

Die genannten Eckdaten der Automatisierung sind natürlich unlösbar mit der mechanischen bzw. elektronischen Informationsverarbeitung verkoppelt. Namen wie Schickard, Pascal oder Leibniz, Hollerith oder Babbage stehen im 17., 18. und 19. Jahrhundert für erste mathematische wie gleichermaßen mechanische Arbeiten und Ansätze für Programmsteuerungen in der Rechentechnik. Von der Z1 (1938) des Ingenieurs Zuse über den Mark 1 (lochstreifengesteuert) im Jahre 1944 führte der Weg rasch in die zweite Rechnergeneration (1955 arbeitete der erste Rechner auf der Basis von Halbleiterbauelementen), die durch die Mikroelektronik Anfang der 60er Jahre erneut abgelöst wurde. Der Einsatz von Festkörperschaltkreisen und Schaltkreisen in Dünnschichthybridtechnik steigerte die Rechengeschwindigkeit, die Speicherkapazität und senkte den Platz- und Energiebedarf (Abb. s. S. 29).

Die Rechnergeneration der 4. Stufe beweist weitere Möglichkeiten – aber schon gibt es um die 5. Genera-

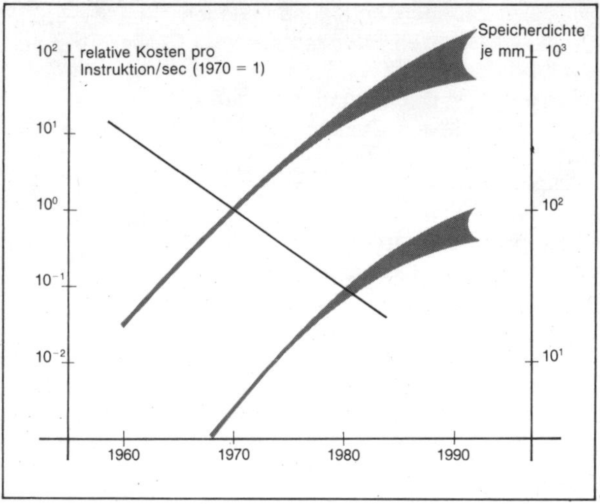

Einige Parameter aus der Entwicklung der Rechentechnik veranschaulichen die gewaltigen Fortschritte der mikroelektronischen Technologien.

tion hitzige Debatten. Typisch für diese Rechner werden der Parallelbetrieb und Assoziativspeicher sein, mit höchstintegrierten Schaltkreisen (bis 50 Millionen Transistorfunktionen je Chip) und kaum vorstellbarem Leistungsspektrum. Und eine 6. Generation beginnt Träume und Alpträume zu wecken – nach Vorstellungen japanischer Wissenschaftler kann sie bereits „denken" und „lernen"!

Die Entwicklung der „Hardware"-Seite (d. h. der Gerätetechnik) bestimmt auch die Bedürfnisse für den Gebrauch dieser modernen Informationstechnologien mit. Daher läßt sich parallel zur Rechentechnik die Vervollkommnung von Datenein- und -ausgabegeräten nachweisen, vom Drucktelegraphen Jakobis (1850) bis zum Höchstleistungsschnelldrucker, von Bildschirmanzeigen der Gegenwart bis hin zum „intelligenten" Display (Sichtgerät). Auch die Ein- und Ausgabe ausgewählter Sätze der geschriebenen und gesprochenen Sprache sowie von Bildern sind in ihrer technischen Entwicklung aus den Kinderschuhen heraus.

Bevor einige Bemerkungen zu den Aufgaben der Psychologie in diesem Zusammenhang folgen, sei festgehalten:

Allgemein konzentriert sich der Einsatz der Mikroelektronik heute überall dort, wo Regelhaftigkeiten oder Vorschriften für das Verknüpfen von Informationen formal beschrieben werden können und wo die Informationen technisch zu erfassen und verarbeitbar sind. Man spricht mit Recht von der Mikroelektronik als einer Schlüsseltechnologie, die zu „intelligenten" Arbeitsmitteln führt. Und von hier aus ist der Brückenschlag zur Funktion der Psychologie bei der Vorbereitung, der Nutzung und der Gestaltung dieser modernen Technologien gegeben. Beispielsweise wird die sog. Interaktion, der Dialog zwischen Mensch und Rechner, zu einem leistungsbestimmenden wie -begrenzenden Faktor. Denn es ist klar: Die Ergebnisse der elektronischen Informationsverarbeitung müssen – direkt oder indirekt – dem Nutzer für die Ableitung neuer Zielstellungen, für Korrekturen oder Kontrollhandlungen, zur Speicherung usw. sofort zugänglich sein, ebenso wie die Dateneingabe effektiv erfolgen soll. Höchste Effektivität im Umgang mit diesen modernen Arbeitsmitteln ist jedoch noch nicht gesichert, wenn nur die „technische Seite" dieses Dialogs den Dispositionen des Menschen entsprechend ausgelegt wird. Aus diesem Grunde müssen die Beiträge der Psychologie genauso den Qualifizierungsmethoden dienen, um den neuen Anforderungen gerecht werden zu können. Entscheidend ist es, die Qualifizierung als persönlichkeitsbildenden, u. U. lebenslangen Lernprozeß zu gestalten. Mit den Erkenntnissen der Psychologie können sowohl die „technische" wie die „menschliche" Seite in Form von Standardisierungsprinzipien, Vorgaben, Empfehlungen, Lehr- und Lernstrategien, Vermittlungsmethodiken und Lösungsvorschriften geformt werden. Um dies darzulegen, wird im folgenden als kurze Rückblende die mit der technischen Entwicklung sich wandelnde Rolle der Psychologie umrissen.

Die Psychologie war immer dabei

Als ein wichtiges Merkmal des wissenschaftlich-technischen Fortschritts wurde bereits die gezielte Anwendung der Wissenschaft gekennzeichnet. Sie erstreckte sich nicht nur auf die Technik, sondern auf nahezu alle Wissenschaftsbereiche – also auch auf die Analyse und Gestaltung der Arbeitstätigkeit im Produktionsprozeß. So entstand Ende des 19. Jahrhunderts, mit der Notwendigkeit, neue Quellen für die Produktivitätssteigerung zu erschließen, auch eine neuartige „Wissenschaftsdisziplin", die eng mit dem Namen Taylors verbunden ist. Sie beschäftigte sich u. a. mit dem Problem, wie man „überflüssige Bewegungen" oder „überflüssige Pausen" beseitigen könne und – oftmals übersehen – auf welche Weise man die erstarkte Arbeiterklasse vom Kampf gegen jene, die ihre Arbeit nehmen, abhalten könne.

Natürlich gab es Vorläufer in der langen Geschichte der menschlichen Produktivkräfte im Zusammenhang mit Überlegungen und Untersuchungen zur Arbeitserleichterung. Aber trotz dieser Vorläufer kommt Taylor das „Verdienst" zu, die Grundlagen neuer Rationalisierungsstrategien durch das exakte Studium der Arbeit geschaffen zu haben. Namen wie Ford oder Gilbreth sind mit der unmittelbaren Verfeinerung seines Systems verbunden. In Deutschland wurde 1924 der Reichsausschuß für Arbeitszeitentwicklung (Refa) gegründet. Er hatte u. a. das Ziel, die zeitlichen Bedingungen der Arbeit zu normieren und wurde nach dem zweiten Weltkrieg in der BRD erneut ins Leben gerufen.

Schon bald nach der Jahrhundertwende erkannten bürgerliche Wissenschaftler die mit dem Taylorsystem verbundenen Probleme. Zur Sicherung höchster Gewinne, aber auch aus allgemein menschlichen Erwägungen, abgeleitet aus einem abstrakten humanistischen Menschenbild, beschäftigten sie sich intensiv mit Wegen zur Bestgestaltung der Arbeitstätigkeit. Die Psychologie, schon seit 1880 als wissenschaftliche Disziplin eingerichtet, leistete hierzu umfangreiche analytische Arbeit. In der „Psychotechnik", die um 1920 in verschiedenen Ländern verstärkt Einfluß auf das Wirtschaftsleben gewann, wird zum ersten Mal der Anspruch deutlich, die Ergebnisse psychologischer Wirkungsmöglichkeiten auch im Bereich der Wirtschaft in einem breiten Rahmen zur Anwendung zu bringen.

Gegenüber dem ingenieurgemäßen Vorgehen Taylors stellte die Psychotechnik als erste Phase psychologisch begründeter Betrachtung wirtschaftlicher Prozesse einen wesentlichen Fortschritt dar. Während Taylor von einem naiv-mechanistischen Menschenbild ausging und die Arbeitstätigkeit als eine spezifisch menschliche Form in der Auseinandersetzung mit der Umwelt ignorierte, wurde in der Psychotechnik der interindividuelle Aspekt berücksichtigt. Die neue wissenschaftliche Erkenntnis, daß es unterschiedliche Leistungsdispositionen gibt und daß die Technik diesen Voraussetzungen anzupassen ist, führte zu einer mehr auf die Arbeitsmittel bezogenen (Objektpsychotechnik) und einer mehr auf die Diagnostik bezogenen Psychotechnik (Subjektpsychotechnik). Während letztere vor allem in den USA zu einer „Testpsychologie" ausuferte, entwickelte sich in Deutschland nach dem ersten Weltkrieg die Psychotechnik stark weiter, und es kam zu einer verzweigten Institutionalisierung. Es entstanden an den technischen Hochschulen, an Universitäten und in großen Konzernen psychotechnische Abteilungen, die sich mit Eignung, Ausbildung, Arbeitsmittelgestaltung u. ä. befaßten.

Bald wurde der Ansatz der Psychotechnik differenziert. Man erkannte die Bedeutung der zwischenmenschlichen Beziehungen und nutzte sie in der Human-Relation-Bewegung gezielt für die Erschließung weiterer Profitquellen. Schlagworte wie Führungsverhalten, Führungsstil, Arbeitsmotivation usw. kennzeichnen den Gegenstandsbereich entsprechender Forschungen, die gegen Ende der 20er Jahre verstärkt einsetzten. Weiterungen erfuhr dieses Konzept vor allem in den USA und anderen hochindustrialisierten Ländern mit den „neuen Formen der Arbeitsgestaltung“. Durch Vergrößerung des Handlungs-, Entscheidungs- und Kontrollspielraumes wird versucht, die Arbeitstätigkeit den menschlichen Bedürfnissen und Besonderheiten anzupassen – dies alles natürlich nur soweit, wie es innerhalb der durch die Produktionsverhältnisse gesetzten Grenzen möglich ist.

Mit dem Beginn der Automatisierung wurde um 1950 eine neue Etappe im wissenschaftlich-technischen Fortschritt eingeleitet. Die nun mögliche technische Realisierung bestimmter geistiger Prozesse, also die Bearbeitung vorher scheinbar dem Menschen vorbehaltener Aufgaben mittels physikalisch-technischer Wirkungsprinzipien, führte zu grundlegenden Umwälzungen im Arbeitsprozeß. Neuartige Berufe mit völlig oder teilweise andersartigen, erst zu entwickelnden Qualifizierungsinhalten entstanden, z. B. für Programmierer oder Operateure in der Datenverarbeitung. Ein anderes Beispiel: Für das Instandhaltungspersonal ergaben sich beim Übergang zu CNC-gesteuerten Werkzeugmaschinen – und später zur Robotertechnik – grundlegend veränderte Arbeitsaufgaben mit starken Wirkungen auf den Arbeitsinhalt (Abb. s. S. 57). Infolge dieser technischen Entwicklungen trat an die Stelle der mehr körperlichen Arbeit vorwiegend „informatorische“ Arbeit. Hiermit war eine Zunahme von psychischer Beanspruchung verbunden, und Qualifizierungsmaßnahmen in breitestem Umfang („lebenslanges Lernen“) wurden notwendig. Insgesamt erzwangen diese u. a. qualitativen Wandlungen im Anforderungsgefüge, daß man sich intensiv mit den veränderten Beziehungen zwischen Mensch und Technik beschäftigte. Es entstanden Wissenschaftszweige mit teilweise nachhaltigen Wirkungen (z. B. die Kybernetik), um diese neue Qualität zu erfassen. Innerhalb etablierter Gebiete bildeten sich Spezialdisziplinen heraus, z. B. die Ingenieurpsychologie. Sie hat die modernen Möglichkeiten des Informationsaustausches zwischen „Mensch

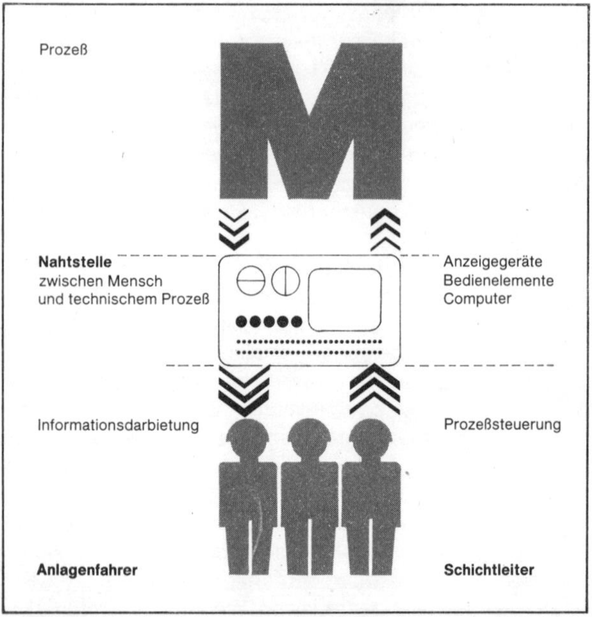

Schema der Informationszirkulation im Mensch-Maschine-System: Prozeßzustände werden an der „Nahtstelle“ zwischen dem Anlagenfahrer (Kollektiv) und dem technologischen Prozeß (N) geregelt. Dies kann über einfache Bedien- und Anzeigegeräte wie über moderne Bildschirmtechnik erfolgen (s. auch Abb. S. 60/61). Dem Arbeitskollektiv steht diese Technik natürlich auch zur Lösung weiterer Arbeitsaufgaben, z. B. Bilanzierungsrechnungen oder als Entscheidungshilfe zur Verfügung.

und Maschine“, beispielsweise im Zusammenhang mit der stark zunehmenden Anzahl von Meßgeräten und Bedienelementen bei Überwachungsaufgaben (Luftfahrt, chemische Industrie), zum Gegenstand (Abb. s. S. 34). In den fortgeschrittensten kapitalistischen und sozialistischen Ländern wurde damit die Psychologie zunehmend zu einer Produktivkraft. Und in dem Maße, wie sich die Psychologie weiterentwickelte, konnte sie auch die psychologischen Probleme, die durch den wissenschaftlich-technischen Fortschritt aufgeworfen wurden, beantworten und ihrerseits wissenschaftlich-technische Entwicklungen beeinflussen. Dieses Beispiel gilt allgemein: Die Wissenschaft gewinnt entscheidenden Einfluß auf die Technik und damit auf die Produktion. Die genannten qualitativen Veränderungen werden mit der Bezeichnung „wissenschaftlich-technische Revolution" zusammengefaßt. Der Begriff bezeichnet, neben den Entdeckungen und Erfindungen, auch qualitative Veränderungen in der Leitung von Betrieben, Kombinaten, kurz, in der Produktion und in der Stellung des Menschen im Produktionsprozeß. Wissenschaft, Technik und Produktion werden jetzt zu einem einheitlichen Ganzen. Die oben angesprochene neue Qualität dieser Umwandlungen besteht darin, daß der Arbeitsprozeß aus dem eigentlichen Fertigungsprozeß herausgliederbar ist und die Automatisierung – ein Hauptkennzeichen der wissenschaftlich-technischen Revolution – in geistige Prozesse hineingreift.

Ähnlich wie bei der industriellen Revolution Ende des 18. Jahrhunderts bestehen zwischen den technischen Entwicklungen und ihren sozialen Auswirkungen enge Abhängigkeiten. Insbesondere ist vor diesem Hintergrund die mit Hilfe der sich seit 1970 entwickelnden Mikroelektronik stürmisch vorangetriebene Anforderungsrevolution eine Herausforderung. Beim Bewältigen der damit verbundenen Folgen für den Werktätigen ist stets davon auszugehen, daß letztlich die Produktionsverhältnisse nicht nur die sozialen Auswirkungen und arbeitsorganisatorischen Lösungen neuentwickelter Mensch-Maschine-Systeme mitbestimmen, sondern auch die Ausschöpfung aller Möglichkeiten, über die der Werktätige mit seiner Leistungsbereitschaft und -fähigkeit verfügt. Und genau diese Sachverhalte, die sich mit den geistigen Prozessen, mit sozialen Beziehungen und mit den Wirkungen der Arbeitsbedingungen, also mit den Möglichkeiten für neue persönlichkeitsfördernde Bedingungen in der Arbeitstätigkeit, beschäftigen, werden in umfassender Weise auch von psychologischen Teildisziplinen untersucht und gestaltet. Wie stellt sich nun aber das Verhältnis zwischen Mensch und Technik aus psychologischer Sicht dar? Welche psychologischen Kriterien sind also beim Gestalten des Produktionsprozesses und bei seiner Vorbereitung von besonderer Bedeutung?

Antwort auf diese und andere Fragen werden im folgenden Teil gegeben.

Teil 2:
Psychologie im Arbeitsprozeß

„In der gewöhnlichen materiellen Industrie ... haben wir ... die vergegenständlichten Wesenskräfte des Menschen vor uns. Eine Psychologie, für welche dies Buch ... zugeschlagen ist, kann nicht zur wirklichen inhaltsvollen und reellen Wissenschaft werden."

K. Marx

Auch Theorie muß sein

Signal – Wahrnehmung – Verhalten

Es wurde bereits mehrfach ausgeführt, daß der wissenschaftlich-technische Fortschritt neue Anforderungen an die Werktätigen hervorbringt. Diese müssen prognostisch abgeschätzt, bewertet und gestaltet werden.

Um dies tun zu können, ist es (1) notwendig, eine möglichst genaue Vorstellung darüber zu haben, wie die Beziehung zwischen wissenschaftlich-technischem Fortschritt und Arbeitstätigkeit aussieht und (2) in welcher Richtung und (3) wofür (4) was zu „gestalten" ist.

Aber keine Angst vor dem Nachfolgenden. Denn mit Hilfe von Schemata und Abbildungen läßt sich dieser Themenkreis einfach erklären, vorausgesetzt, daß etwas Lesegeduld aufgebracht wird.

Der erste Aspekt betrifft im Grunde die Frage nach dem Zusammenhang zwischen Arbeitsumgebung und Arbeitsprozeß. Die Analyse dieses Zusammenhanges soll in zwei Schritten bewältigt werden.

Um Arbeitsumgebung und Arbeitsprozeß in ihrer Wechselwirkung aus der Sicht der Psychologie zu unter-

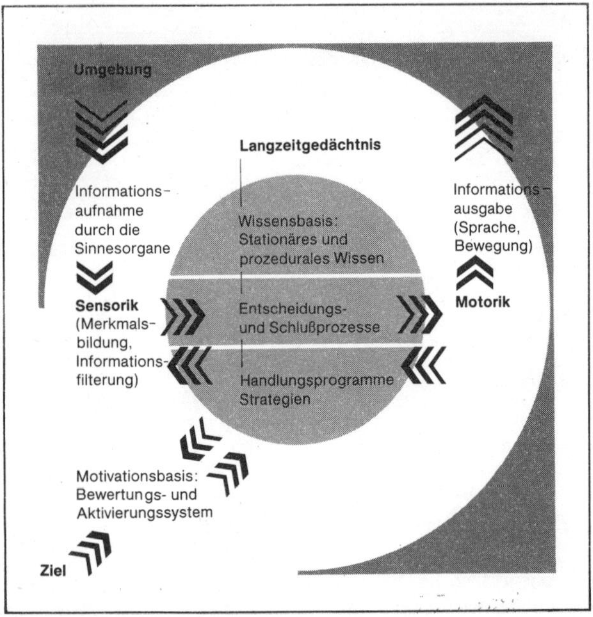

Schema der Informationszirkulation zwischen Mensch und Umgebung.

suchen, wird im ersten Schritt von einer allgemeinen Wechselwirkung zwischen Umgebung und Verhalten ausgegangen. Gerade hierzu hat die marxistische Psychologie in den letzten 30 Jahren entscheidende Erkenntnisse erarbeitet. Ein moderner, allgemeinpsychologischer Ansatz, dem wir folgen, geht davon aus, daß alle Mitteilungen oder Handlungen des Menschen das Resultat von Informationsverarbeitungsprozessen (z. B. Vergleichen, Entscheiden) im Nervensystem sind. Diese Prozesse werden von Signalen aus der Umgebung, durch das im Gedächtnis gespeicherte Wissen und auch durch die Erbanlagen gesteuert. In der Abb. (s. S. 38) ist dargestellt, daß die Informationen über Rezeptoren, vor allem durch Auge und Ohr, aufgenommen und ausgewertet, dekodiert werden. Dies nennt man Wahrnehmung. Die dekodierten Informationen gelangen ins Gedächtnis, wo sie mit den dort schon gespeicherten Informationen verglichen werden. Das Ergebnis dieses Vergleiches kann eine Wiedererkennung oder eine Bedeutungserfassung sein. Es kann aber auch Denkprozesse auslösen, in deren Ergebnis Verhaltensentscheidungen bewirkt werden. Diese äußern sich in motorischen Aktivitäten (Handbewegungen, Augenbewegungen usw.). In der Allgemeinen Psychologie wurde weiterhin nachgewiesen, daß die Bewertung der zu verarbeitenden und verarbeiteten Information, die der Verhaltenssteuerung und damit den Handlungen zugrunde liegt, von hoher Bedeutung für die allgemeine Auseinandersetzung mit der Umgebung ist. Das heißt, daß die geistigen Prozesse (die Informationsverarbeitung) nicht ohne Bezug auf „Aktivierungsprozesse" untersucht werden können. Mehr noch, die Verhaltenssteuerung ist nur in der Wechselwirkung zwischen Informationsverarbeitung und den Bewertungs- und Aktivierungsprozessen (der Motivationsbasis) begreifbar.

Persönlichkeitsentwicklung oder Produktivitätssteigerung?

Nachdem so die Zirkulation der Information zwischen Umwelt und Mensch allgemein schematisch dargestellt wurde, kann der zweite Schritt getan werden: Für Umgebung steht nun der Arbeitsplatz mit dem dahinterliegenden Produktionsprozeß, und die allgemeine Tätigkeit, die wir vorher betrachtet haben, wird auf die Arbeitstätigkeit eingeschränkt. Diese Betrachtungsweise ist in der Abb. (s. S. 40) veranschaulicht. Zunächst läßt sich hieraus ablesen, daß die Arbeitstätigkeit offensichtlich durch die gewählte Technologie beeinflußt wird, z. B. davon, ob es sich um eine verfahrenstechnische Anlage oder um eine Fließbandproduktion handelt. Außerdem kann bei konsequentem Durchdenken des Schemas (s. S. 40) gefolgert werden, daß die Tätigkeit auch vom

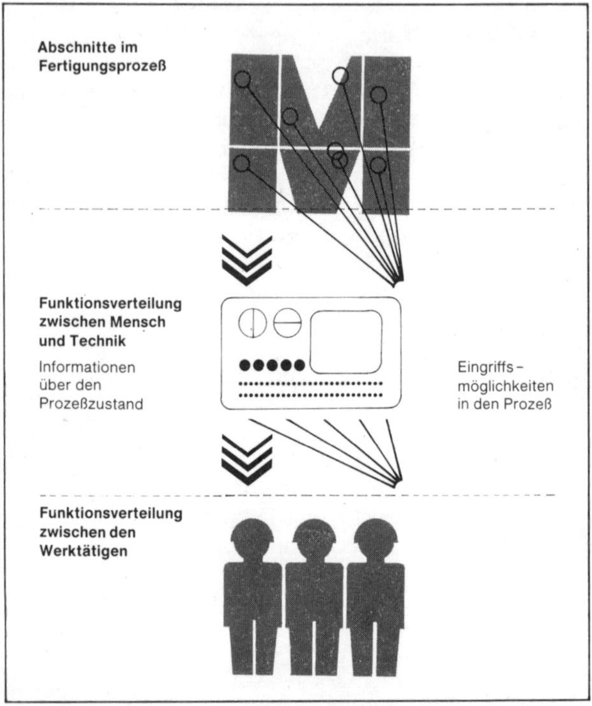

Zum Zusammenhang von Arbeits- und Produktionsprozeß: Die Informationen aus dem Fertigungsprozeß liefern Entscheidungsgrundlagen für den Arbeitsprozeß, in dessen Verlauf der Fertigungsprozeß an technologisch bedingten Stellen geregelt wird. Diese Nahtstelle zwischen Fertigungs- und Arbeitsprozeß ist bei modernen Anlagen meist computergestützt.

wissenschaftlich-technischen Niveau sowie der Gestaltung der Produktionsmittel abhängt (verallgemeinert: von der Automatisierungsstufe). Damit bestimmen also Festlegungen über jene Abschnitte der Produkterzeugung, die durch das technische System ausgeführt werden, in breitem Maße Merkmale des speziellen Arbeitsprozesses. Warum ist dieser klare Tatbestand aber nun ein Problem – gar ein psychologisches?

Wenn man davon ausgeht, daß die Arbeitstätigkeit so gestaltet werden muß, daß das Produzieren bereits den Bedürfnissen der Werktätigen entsprechend erfolgt, dann könnte aus ihrer Abhängigkeit von Technologie und Produktionsmitteln ein „technologischer Determinismus" gefolgert werden, der im Gegensatz zur Persönlichkeitsbildung stünde. Er würde bedeuten, daß die Technik über das Wohl des Menschen „dämonisch" herrscht. Aber – wer einen solchen Einwand bringt, vergißt, daß es der Mensch ist, der die Technologien entwickelt, die Produktionsmittel auslegt, kurzum, der die Technik gestaltet und sich ihrer bedient. Denn es gehört nun einmal zu den Vorzügen des Sozialismus, daß der wissenschaftlich-technische Fortschritt auf ein sinnerfülltes Dasein aller Werktätigen gerichtet ist. Für die Psychologie erwächst daraus die globale Zielstellung, den persönlichkeitsbildenden Einfluß der Arbeitstätigkeit zu sichern und Gesundheit und Wohlbefinden der Werktätigen zu fördern. Aus diesem Sachverhalt leiten sich letztendlich alle psychologischen Aufgabenstellungen her, zumindest im Bereich der Produktion und Produktionsvorbereitung: Es ist notwendig, die Funktionen zwischen Mensch und Technik so zu „verteilen", daß die psychischen, vor allem geistigen Anteile in der Arbeitstätigkeit mit dazu beitragen, daß die Arbeit „erstes Lebensbedürfnis" wird.

Aus der Abb. auf S. 40 kann unschwer ein zweiter grundsätzlicher Problemkreis abgelesen werden: Nachdem die Aufgaben zwischen dem Kollektiv bzw. dem einzelnen Werktätigen und der technischen Einrichtung aufgeschlüsselt wurden, die sog. Funktionsverteilung durch das Projektierungskollektiv also abgeschlossen ist, müssen die für die Arbeitskräfte vorgesehenen Arbeitstätigkeiten (z. B. Leitungstätigkeiten, Einzel- oder Mehrmaschinenbedienung, kollektive Prozeßführung, Wartung usw.) zwischen den Werktätigen aufgeteilt oder auch kombiniert werden. Erst wenn das erfolgt ist, liegen die Anforderungen, die den Arbeitsinhalt wesentlich mitbestimmen, endgültig fest.

Der Psychologe nun auch als Organisator der Arbeit? Ja – zweifellos wird das Koordinieren der verschiedenen Arbeitsaufgaben zwischen den Werktätigen mit wachsendem Automatisierungsgrad immer bedeutsamer. Es ist dennoch nicht zu verkennen, daß die Organisationsprinzipien für die Arbeit, ihre psychologische Untermauerung und Möglichkeiten nur zögernd in die Arbeitsgestaltung Eingang finden. Dabei gibt es zahlreiche Ebenen, in denen gewinnbringende Beiträge, leider nur ungenügend verallgemeinert, durch Psychologen erwirtschaftet wurden. Diese reichen von der Aufgabenverteilung und -kombination auf Kombinats- über die Betriebsebene bis hinein in die Kollektive. Allerdings, viele psychologische Fragen sind zu diesem Anliegen noch zu klären. Im Teil 3 kann der Leser, der bis hierher gefolgt ist, einige Erfahrungen aus der Volkswirtschaft in diesem Zusammenhang kennenlernen.

Damit wäre also das „wie“ und „was“ unserer grundsätzlichen Eingangsfrage erläutert. Abschließend soll noch das „wofür“ und „in welche Richtung (nach welchen Kriterien) zu gestalten ist ...“ aufgegriffen werden. Dazu müssen einige grundsätzliche Bemerkungen erfolgen, immer vor dem Hintergrund, daß die Arbeitstätigkeit entsprechend dem sozialistischen Menschenbild zu untersuchen und zu gestalten ist. Damit muß sich also, wenn wir diese Ausgangsposition zugrunde legen, die Einheit von Wirtschafts- und Sozialpolitik nicht allein in einer kontinuierlich verbesserten Bedürfnisbefriedigung infolge guter Arbeitsergebnisse niederschlagen. Vielmehr muß beim Produzieren selbst ein Beitrag zur Persönlichkeitsbildung erbracht werden. Es ist damit eine grundlegende Aufgabe angesprochen, die heute und in Zukunft zu lösen ist. Die Kriterien, die sich hieraus für die Gestaltung von Arbeitsprozessen ableiten, sind vielfältig und in der nebenstehenden Abbildung schematisch dargestellt (Abb. s. S. 43).

Fassen wir das Wesentliche zusammen: Psychologische Beiträge im Zusammenhang mit der Arbeitstätigkeit haben stets ein doppeltes Ziel, nämlich Produktivi-

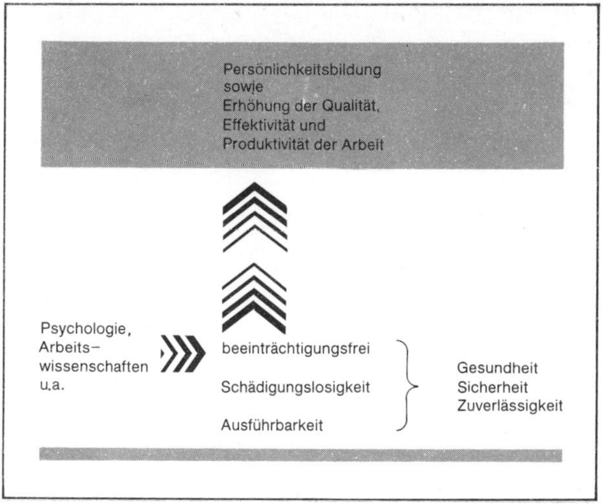

Persönlichkeitsbildung und hohe Produktivität sind Basiskriterien der Arbeitsgestaltung. Der Anteil psychologischer Beiträge im System der Arbeitswissenschaften nimmt dabei mit jeder Kriterienstufe qualitativ zu. Weitere Einzelkriterien sind ohne weiteres einzuordnen.

tätssteigerung und Beiträge zur Persönlichkeitsformung zu leisten – Persönlichkeitsentwicklung *und* Produktivitätssteigerung, nicht etwa Persönlichkeit *oder* Produktivität. Dieser Sachverhalt leitet sich aus der grundlegenden Tatsache ab, daß hohe Arbeitsleistungen von der Arbeitseinstellung, der Motivationsbasis entscheidend mitgeformt sind und diese, wie eingangs dargestellt, von den Arbeitsbedingungen allgemein abhängt. Persönlichkeitsbildende Maßnahmen im Arbeitsprozeß bewirken also letztendlich immer Produktivitätssteigerungen.

Bevor am Beispiel von drei Tätigkeiten die bisherigen, sicherlich noch reichlich abstrakten Inhalte näher erläutert werden (s. Teil 3), wollen wir in eine Diskussion hineinhören, die sich in jeder Gesprächsrunde abspielen könnte, wo Antworten auf Fragen über die Beziehungen zwischen Mensch und Technik im Zusammenhang mit der Psychologie gesucht werden. Dazu nutzen wir den

Mitschnitt einer Diskussion, die im Anschluß an einen Vortrag in der Betriebsakademie mit den Kollegen verschiedener Abteilungen entstand.

Arbeit – Last oder Lust?

In der Betriebsakademie:
Tätigkeit und Handlung – eine Diskussion

Nach einem Referat des Psychologen Dr. A. in der Betriebsakademie gab es folgende interessante Dialoge:

Koll. B. (Ökonom, Abteilungsleiter): Koll. A., Sie haben immer von Tätigkeiten und Handlungen bei der Arbeit gesprochen. Für mich ist das das gleiche! Muß so eine Begriffsverwirrung sein?

Dr. A. (Psychologe): Nein, natürlich nicht. Man will mit diesen Unterscheidungen lediglich verschiedene Sichtweisen zum Ausdruck bringen.

Von Tätigkeiten spricht man ganz generell bei der Wechselwirkung des Menschen mit seiner Umwelt, mit anderen Menschen und mit Aufgaben. So kann man Lerntätigkeit, Spieltätigkeit, sportliche Tätigkeit oder Arbeitstätigkeit voneinander abgrenzen. Früher wollte man diese Tätigkeiten in der Entwicklung des Menschen vom Kind bis zum Berufstätigen trennen. Heute verschmelzen z. B. Arbeitstätigkeit und Lerntätigkeit immer mehr, die Grenzen solcher „Phasen" verändern sich also.

Umgangssprachlich wird in ähnlichen Zusammenhängen oft auch von Handlung gesprochen. Es sei an Sätze wie „er handelte umsichtig" oder „seine Handlung hatte keinen erkennbaren Grund" erinnert. Damit wird offensichtlich zum Ausdruck gebracht, daß es während der Tätigkeit zeitlich und inhaltlich abtrennbare Abschnitte gibt, die dazu dienen, bestimmte Teilaufgaben zu erfüllen bzw. Teilziele zu verwirklichen. Solche Teilziele sind, um ein Beispiel aus der Arbeitstätigkeit zu nehmen, das Ablesen von Meßgeräten, das Bereitstellen von Werkzeugen oder das Nachdenken über ein Problem. Derartige Abschnitte oder „Untereinheiten“ der Tätigkeit nennt man Handlungen. Diese lassen sich übrigens noch weiter untergliedern; so werden z. B. bei Handlungen Bewegungen ausgeführt usw. Ich gebe allerdings zu, Kollege B. – um auf den zweiten Teil Ihrer Frage einzugehen –, daß diese Einteilung mehr von wissenschaftssystematischem als von allgemeinem Interesse ist. Wenn Sie von Teiltätigkeiten, Tätigkeitskomplexen oder -abschnitten sprechen, weiß ebenfalls jeder, was gemeint ist.

Koll. C. (Arbeitswissenschaftler): Ich habe zwei Fragen. Erstens: Was bedeutet im Zusammenhang damit, daß Arbeit zielgerichtete Tätigkeit ist, das Wort „Aktionsprogramm“, das ich unlängst in einem Psychologiebuch las? Allgemein, z. B. in der ideologischen Arbeit, weiß ich es zu deuten, aber was sind Aktionsprogramme in der Arbeitstätigkeit? Und zweitens, eine etwas umfassendere Frage: Meines Erachtens reicht die bisherige Beschreibung des Wesens einer Handlung nicht aus. Ein einfaches Beispiel soll zeigen, was ich meine: Stellt man bei der Toleranzprüfung eines gefertigten Teiles fest, daß die mit der Aufgabe vorgegebenen Maße nicht erreicht wurden, werden weitere Handlungen bis zur normgerechten Aufgabenerfüllung vorgesehen: Werkzeuge oder, bei automatisierter Produktion, auch Programme prüfen, Material begutachten u. a.

Kolln. D. (Facharbeiter für Schreibtechnik): Mir scheint noch etwas Wesentliches in Ihren Ausführungen zu fehlen. Wenn ich schreibe, laufen viele Handlungen automatisch ab, es gibt keine „bewußten Zielsetzungen“ für das Drücken einer Schreibmaschinentaste. Auch bei anderen schreibtechnischen Vorgängen muß ich nicht jedesmal auf Grund spezieller Zielvorstellungen ein neues Handlungsprogramm – oder muß ich Aktionsprogramm sagen? – entwickeln, die Bedienbewegung an einem Hebel kann „ganz automatisch“ erfolgen.

Dr. A.: Ich will versuchen, diese eigentlich sehr weitreichenden Fragen in ihrem prinzipiellen Kern knapp zu beantworten. Zunächst aber noch zum Begriff „Aktionsprogramm", den Koll. C. ins Gespräch brachte. Ähnlich, wie viele Psychologen zwischen Handlung und Tätigkeit unterscheiden, gibt es auch für den Sachverhalt „Aktionsprogramm" unterschiedliche Bezeichnungen. Ich wollte dieses Problem eigentlich weglassen, aber da danach gefragt wurde, kurz dies: Damit eine Handlung erfolgreich ausgeführt werden kann, müssen Wege zur Zielerreichung vorhanden sein. Dieser Tatbestand wird oft als Aktionsprogramm bezeichnet. Bekannt sind Ihnen sicher die unterschiedlichen Formen von Aktionsprogrammen, z. B. Pläne, Strategien oder Entwürfe (z. B. für Bewegungen).

Koll. C. meinte, daß mit der bisherigen Darstellung der Sachverhalt der „Toleranzprüfung" noch nicht erfaßt ist, und Fräulein D. sprach von automatischen Handlungen. Was läßt sich dazu nun sagen? Natürlich müssen alle diese Sachverhalte in einer psychologischen Betrachtung enthalten sein – sie sind es auch. Einigkeit besteht sicher darüber, daß ein Arbeitsergebnis durch den Werktätigen kontrolliert werden muß. Das bedeutet, daß die Handlungsziele nicht losgelöst nebeneinander stehen, sie hängen vielmehr voneinander ab und leiten sich wiederum aus übergeordneten Vornahmen ab. Zusammengefaßt: Bei der Handlungsausführung werden, ausgehend von einer globalen Zielsetzung, Teilziele gebildet, die mittels der im Gedächtnis gespeicherten Programme über Bewegungen realisiert und abschließend hinsichtlich der Zielerreichung überprüft werden.

Und hier, Fräulein D., ordnet sich auch Ihre Frage ein, allerdings müssen wir den bisherigen Gedankengang noch etwas erweitern. Ausgehend von allgemeinpsychologischen Grundlagen (s. Abb. S. 38) lassen sich verschiedene Stufen im Informationsverarbeitungsprozeß abgrenzen (s. Abb. S. 47).

Wie Sie sehen, gibt es verschiedene „Kreise" der Informationszirkulation. Dabei ist die von Fräulein D. genannte automatisierte Handlung dem untersten Kreis zuzuordnen. Hier wird die Handlung gewissermaßen „unbewußt" ausgeführt. Dieses Niveau ist dadurch gekenn-

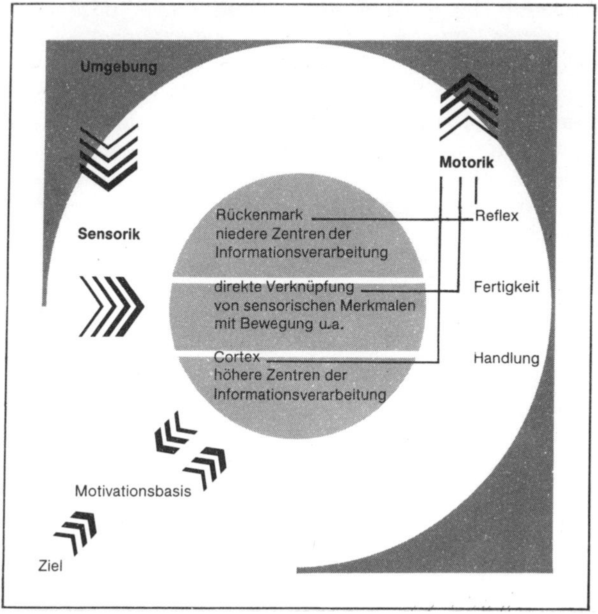

Vom einfachen Reflex bis zu einer vollständigen Handlung lassen sich unterschiedliche Kreise der Informationszirkulation definieren. Diese Ebenen sind nicht „fest", durch Lernen sind Verlagerungen möglich; die Kontrolle der Arbeitsergebnisse jedoch verbleibt stets im Niveau der Handlung.

zeichnet, daß keine Zielstellungen für die Einzelbewegungen existieren und die Aktionsprogramme als starre Bewegungsprogramme spezifischen Situationen entsprechen. Sie werden einfach „abgerufen". Normalerweise muß jedoch die aufgenommene Information entsprechend den vorgegebenen Zielstellungen verarbeitet werden. Bei diesem Verarbeitungsprozeß werden die erwarteten Resultate der Handlung kalkuliert und ihre Bedingungen geprüft, die Handlungen bzw. ihre Abfolge werden geplant, Aktionsprogramme werden ausgewählt, und auch die Verwirklichung von Teilzielen wird ständig überprüft. Man kann gewissermaßen von höheren oder niederen Niveaus der Informationsverarbeitung sprechen. Das Vorgehen eines Instandhaltungsmechanikers beim Beseitigen einer Störung in einem automatisierten Produktionsabschnitt zeigt übrigens diese „Hierarchie" anschaulich: Teilziele sind beispielsweise das „Identifizieren" der Störung, die Auswahl der Gegenmaßnahmen, zusätzliche Informationsbeschaffung u. a. Sachverhalte, die dem Gesamtziel „Störungsbeseitigung" untergeordnet sind. Erst nach Abwägen aller Möglichkeiten auf Grund der Auswertung zugänglicher Informationen wird dann beispielsweise eine Entscheidung getroffen, ein zweckmäßiges Vorgehen nach gedächtnismäßigem Durchspielen verschiedener Möglichkeiten ausgewählt und durch eine Bewegung realisiert.

Es gibt zwischen den verschiedenen Informationsströmen, die Sie auf dieser Folie (s. S. 47) sehen, weitere Zwischenniveaus. Das Entscheidende aber dafür, daß die Ausführung einer Handlung möglich wird, ist, daß alle Stufen an der Tätigkeit beteiligt sind, also zusammenwirken. Dieses Zusammenwirken kann auch derart erfolgen, daß Aufgaben des übergeordneten Kreises auf den nächst niedrigeren „delegiert" werden können. Damit ist etwas sehr Zweckmäßiges verwirklicht, nämlich der übergeordnete Kreis wird von „Routine" entlastet und frei für die Bewältigung neuer Aufgaben. Diese äußerst zweckmäßige und sinnvolle Verhaltensorganisation hat sich übrigens in der Entwicklungsgeschichte der Menschheit herausgebildet und kann auch im Lebenslauf jedes einzelnen beobachtet werden.

Während Ihr Kind beim Fangen eines Balles große Abstimmungsschwierigkeiten zwischen seinen Armen und dem fliegenden Ball hat, kann der Erwachsene sehr genau Richtung, Geschwindigkeit und andere Parameter des Fluges erfassen. Ein guter Tennisspieler unterscheidet sich von einem schlechten vor allem dadurch, daß ihm für die Ausführung unterschiedlichster Schläge entsprechende Bewegungsprogramme zur Verfügung stehen, er den Schlag „automatisch" ausführt. Geistige Prozesse wie die Vorwegnahme (Antizipation) gegnerischer Bewegungen, Berechnung des Ballfluges aus Geschwindigkeit und Richtung werden dadurch möglich, während der „sensomotorische“ Kreis allein die Ausführung der Bewegungen übernimmt.

Und damit, liebe Kollegen, verabschiede ich mich bis zum nächsten Dienstag, an dem unsere letzte Veranstaltung zu psychologischen Fragen im Rahmen unserer Betriebsakademie stattfindet.

Im Hörsaal: Drei Vorlesungen

Können und Wollen:
Die Motivation in der Arbeitstätigkeit

Die bisher beschriebenen psychologischen Sachverhalte in der Informationszirkulation bei der Tätigkeit gelten ganz allgemein, müssen aber nicht in jedem konkreten Einzelfall gleichermaßen zutreffen. Schon die Alltagserfahrung lehrt, daß es oft recht große Unterschiede in der Art und Weise der Tätigkeitsausführung gibt. So wird man ohne spezielle Qualifikation keine Großanlage steuern können, obwohl es der junge Facharbeiter eigentlich will. Das heißt, „Können“ und „Wollen“ sind zwei Sachverhalte, die unbedingt im Zusammenhang mit der Arbeitstätigkeit berücksichtigt werden müssen.

Das „Können“, also die Tatsache, in kompliziertesten Situationen das Richtige zu tun und Handlungen auszuführen, die vorher noch nicht vorkamen, ist nur dadurch möglich, daß dem Werktätigen Regeln bekannt sind (wie z. B. im Havariefall), die er in jedem Falle anwenden kann. Dieser Sachverhalt ist recht bedeutsam. Er besagt, daß nicht immer „passende“ Bewegungsfolgen vorliegen, die in speziellen Situationen einfach ausgeführt werden, sondern daß die „Könnensseite“ durch geistige Prozesse und ihre Voraussetzungen charakterisiert ist, also durch Kenntnisse, Erfahrungen, Fertigkeiten und Fähigkeiten. Aber reichen Können und Qualifikation aus? Nein, man muß eine gestellte Aufgabe auch erfüllen wollen, es muß eine gewisse Leistungsbereitschaft vorliegen. Diese erst bestimmt, wie eine Handlung ausgeführt, ja ob überhaupt etwas getan wird. Diese Leistungsbereitschaft hängt von den unterschiedlichsten Faktoren ab, vom Interesse an der Arbeit, von der Einstellung zur Arbeit, den spezifischen Bedürfnissen oder Plänen usw. Man spricht allgemein von der Motivation, die die Beziehungen der Werktätigen zur Wirklichkeit und die Bewertung dieser Wirklichkeit durch den Betreffenden ausdrückt.

Die Motivation, hier nur als Arbeitsmotivation gemeint, ist aber nicht von ungefähr vorhanden, sie fällt nicht vom Himmel, sondern ist immer gesellschaftlich vermittelt. Diese gesellschaftliche Vermittlung existiert z. B. in Form von Lohn- oder Prämiensystemen, in Form von Vorbildern am Arbeitsplatz, in Gestalt eines Lehrers oder anderer Ideale, denen man nacheifert. Andererseits ergibt sich die Motivation auch daraus, daß man gesellschaftliche Forderungen akzeptiert, verinnerlicht und verwirklicht. Disziplin, Fleiß oder Ehrlichkeit sind moralische Normen, die die Grundlage einer progressiven Arbeitseinstellung bilden. Sie werden im Arbeitsprozeß von weiteren Faktoren überformt. In diesem Sinne positiv motivierend wirkt es sich z. B. aus, wenn jeder Werktätige seine Möglichkeiten nutzt, um bei der Produktionsplanung oder -organisation mitzuwirken, verantwortungsvolle Aufgaben vorbereiten und wahrnehmen kann, für gute Arbeit gelobt wird oder ihm eine sachliche, konstruktive Kritik bei unzureichenden Leistungen ausgesprochen wird. Nebenbei bemerkt: In nicht zu unterschätzendem Maße beeinflussen neben der unmittelbaren Arbeitstätigkeit auch die Umgebungsbedingungen die Einstellung. Gedacht sei an die Rolle des Wettbewerbs, die Möglichkeiten, für Betriebsangehörige soziale Vergünstigungen zu schaffen, die Schichtversorgung usw. Das Ziel, Stammpersonal zu bilden, hängt letztlich davon ab, wie der Werktätige „seinen“ Betrieb bezüglich all dieser Faktoren bewertet. Natürlich darf nicht außer acht gelassen werden, daß auch der Wunsch, eine bestimmte Tätigkeit auszuüben, ein Motiv ist. Eine wirksame, d. h. überzeugende Berufsberatung kann hier schon oft die Grundlage für die spätere Arbeitseinstellung prägen – wie umgekehrt bei Nichtzulassung für den „Traumberuf" langwierige Einstellungsveränderungen erreicht werden müssen.

Sicher wird man der Aussage zustimmen, daß die Motivation in der Arbeit sich sowohl auf das Arbeitsresultat als auch auf die persönlichen Folgen der Arbeitstätigkeit bezieht. Hierbei stehen die Motive allerdings nicht gleichartig nebeneinander, es gibt über- oder untergeordnete persönliche Zielstellungen und Bewertungen. Differenzierte Untersuchungen ergaben beispielsweise, daß durchaus nicht nur der Lohn für die Tätigkeitswahl entscheidend ist. Vorrangig wurden Möglichkeiten für die Nutzung der erworbenen Qualifizierung, die Selbständigkeit im Handeln, die Kollektivzusammensetzung u. a. als bedeutsamer nachgewiesen. Das heißt, daß der Werktätige neben die gesellschaftlichen Wertungen der Arbeitstätigkeit auch seine individuellen stellt. Hohe Ansprüche werden beispielsweise dann als anzustrebende Leistung angenommen, wenn sie vom Bestarbeiter oder von leistungsmotivierenden Kollegen im täglichen Arbeitsprozeß erreicht und nicht als abstrakte Forderungen formuliert werden. Hieraus ergibt sich, nebenbei bemerkt, wiederum die Bedeutung des Vorbildes für den Arbeitsprozeß. Die Rolle der Besten im Wettbewerb, in der betrieblichen Sichtagitation und andere Formen der Masseninitiative haben nicht zuletzt diesen Aspekt der Arbeitsmotivierung im Auge.

Arbeitsbedingungen und Arbeitsergebnis

Bei der Erörterung der Tätigkeit wurde bislang die Abhängigkeit des Arbeitsergebnisses von der Leistungsbereitschaft und der Leistungsfähigkeit, den sog. persönlichen Dispositionen, betrachtet. Nur am Rande klang an, daß auch die Umweltbedingungen die Leistungen mitbestimmen. Dieser Sachverhalt soll etwas näher betrachtet werden. Dazu wird ein neuer Begriff benötigt, der bereits zu Beginn der Darlegungen im Zusammenhang mit

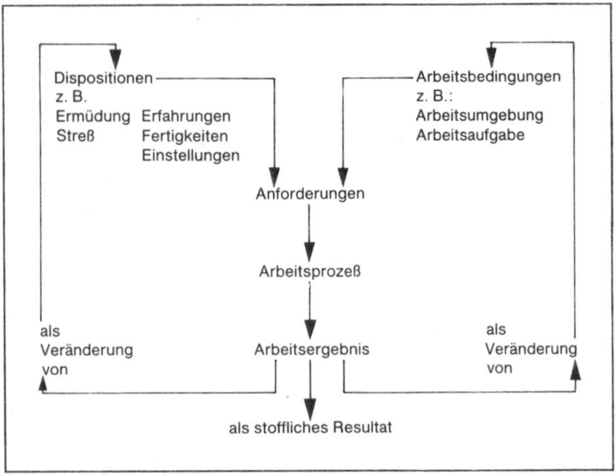

Der Einfluß des Arbeitsprozesses auf die Persönlichkeit ist sowohl positiv als auch negativ: Erfahrungen können gewonnen werden, aber auch Monotonie kann sich einstellen ...

der Umgebung indirekt charakterisiert wurde: Es handelt sich um den Begriff der Arbeitsbedingung. Hierunter werden jene speziellen Umgebungsfaktoren zusammengenommen, die, von „außen“ auf den Arbeitsprozeß einwirkend, die Arbeitstätigkeit und damit das Arbeitsergebnis beeinflussen.

Spätestens an dieser Stelle soll auch der Begriff „Arbeitsergebnis“ präzisiert werden. Zum Arbeitsergebnis zählen nicht nur das „stoffliche“ Resultat, sondern auch Veränderungen, die der Werktätige ganz allgemein im Arbeitsprozeß erfährt. Mit anderen Worten: Die Wirkungen der Arbeitstätigkeit sind nicht nur auf das Produkt beschränkt, sondern kommen auch in den Handlungen, in den Gefühlen, den Einstellungen und im allgemeinen Befinden zum Ausdruck. Die Arbeitsbedingungen tragen also mit dazu bei, bestimmte Dispositionen (z. B. Einstellungen, Fertigkeiten, Können) des Werktätigen zu formen und bei langandauernder Arbeitstätigkeit auch fest auszuprägen. Dabei darf freilich nicht übersehen werden, daß die Arbeitsbedingungen und persönlichen Dispositionen in einem engen Wechselverhältnis stehen und darüber hinaus vom Arbeitsergebnis wieder mitbestimmt sind. Für eine Analyse der Wirkung von Arbeitsbedingungen, Arbeitsergebnis und Persönlichkeitseigenschaften bzw. -dispositionen ist also ein „undialektisches" Vorgehen, z. B. in Form einer eingleisigen Ursache-Wirkung-Analyse, nicht ausreichend. Vielmehr muß beachtet werden, daß durch äußere Bedingungen Arbeitsmotivationen geschaffen werden, die über die damit erzeugte Leistungsbereitschaft die Voraussetzungen dafür liefern, daß jeder Werktätige seine Potenzen auch ausschöpft. Oder: Erfahrungen bzw. Fertigkeiten im Arbeitsprozeß erworben, sind als Arbeitsergebnis zugleich die Voraussetzungen, den Arbeitsauftrag zu erfüllen.

Aber auch negative Folgen der Arbeit können bei unzureichenden Arbeitsbedingungen oder unzureichenden persönlichen Dispositionen auftreten (Abb. s. S. 52). Mißstimmung, Verärgerung oder auch allgemeine „Nervosität" während bzw. nach der Arbeit sind wahrscheinlich jedem von Ihnen schon begegnet.

Auf Grund der theoretischen und großen praktischen Bedeutung soll zum Abschluß der Sachverhalt positiver und negativer Folgen der Arbeit etwas eingehender besprochen werden.

Beanspruchung und ihre Folgen

Ich gehe davon aus, daß Sie bei Ihrer Tätigkeit bereits selbst die Erfahrung gemacht haben – sei es als Schüler, Facharbeiter, Ingenieur, Wissenschaftler oder in welchem Beruf auch immer –, daß die Arbeit auf Sie mehr oder weniger stark zurückwirkt. Unabhängig von der konkreten Aufgabe empfindet man z. B. Freude beim Lösen eines komplexen Problems, das Gelingen einer schwierigen Aufgabe motiviert zur weiteren Auseinandersetzung mit komplizierten Anforderungen usw. Vielfach fühlt man sich aber auch nach einem Arbeitstag ermüdet und in einen Zustand versetzt, der treffend mit

Sättigung gekennzeichnet wird. Oder man hört im Gespräch mit Kollegen die Meinung, daß diese oder jene Arbeit besonders „belaste", andere meinen, sie seien stark beansprucht, während wieder andere sich „überfordert" oder „unterfordert" fühlen. Bemerkenswert ist bei diesen Einschätzungen der Wirkung der Tätigkeit, daß sie offenbar in Beziehung zu bestimmten Arbeitsplätzen bzw. Aufgaben stehen.

Die spezifischen Wirkungen der Arbeitstätigkeit auf den Menschen sind aber offensichtlich sehr unterschiedlich und von vielen Bedingungen abhängig. Einerseits sind natürlich die Art der Arbeit und die objektiven Bedingungen am Arbeitsplatz entscheidend. Andererseits sind auch „subjektive Faktoren" von wesentlicher Bedeutung, wenn man die Wirkungen der Arbeitstätigkeit erfaßt. Tun zwei das Gleiche, sind also prinzipiell den gleichen objektiven Bedingungen ausgesetzt, können die Wirkungen doch sehr verschieden sein. Das liegt einmal daran, daß die Menschen unterschiedliche individuelle Dispositionen „mitbringen", und zum anderen spielt auch hier die Einstellung der Werktätigen zu ihrer Tätigkeit, also die Arbeitsmotivation, eine wichtige Rolle. Eine ungern oder sogar widerwillig verrichtete Arbeit verstärkt negative Wirkungen in erheblichem Maße, die sich sowohl in körperlichen Symptomen als auch im subjektiven Erleben niederschlagen. Eine Arbeit, mit Freude getan, weckt dagegen Leistungsreserven. Die höhere Anstrengung wird als solche nicht empfunden, negative Auswirkungen werden minimiert, im Gegenteil, es lassen sich deutlich positive Wirkungen beobachten. Die Arbeitsergebnisse machen zufrieden und stolz, führen zur Anregung der allgemeinen Aktivität und Schöpferkraft des Werktätigen.

Die Beispielliste kann fast beliebig erweitert werden, soll aber ausreichen, um das allgemeine Problem zu veranschaulichen: Bestimmung der Auswirkungen der Arbeitstätigkeit auf den Werktätigen und das Auffinden von Maßnahmen, um positive Wirkungen zu erreichen.

Die Lösung dieses Problems ist allerdings dadurch erschwert, daß die Vielfalt von Begriffen zum Beschreiben der bislang aufgeführten Tätigkeitsfolgen sich auch im wissenschaftlichen Sprachgebrauch fortsetzt. Bei der Suche nach einer einheitlichen Begriffsbestimmung für „Beanspruchung" oder „Belastung" stößt man auf die verwirrende Tatsache, daß jede Disziplin, die diesen Begriff benötigt, andere Festlegungen verwendet. In der Technik ist Beanspruchung z. B. eine von außen gesetzte Last, bzw. es sind mechanische u. ä. Einflüsse; in der Medizin versteht man darunter Folgen (Reaktionen) der auf den Menschen wirkenden Arbeitsbedingungen (Lärm, Vibration), und in der Psychologie beinhaltet der Begriff „Beanspruchung" den Einsatz psychophysischer Dispositionen (z. B. Charaktereigenschaften, Wissen, Einstellung, aber auch Sehtüchtigkeit oder Kraft u. a.) bei der Aufgabenbewältigung. Damit ist Beanspruchung ein Vorgang, der mit jeder Tätigkeit einhergeht, und noch kein „wertender Begriff". Wichtig ist eigentlich nur, negative Folgen der Beanspruchung so gering wie möglich zu halten und den gesamten Arbeitsprozeß so zu gestalten, daß weitreichende positive Beanspruchungsfolgen erreicht werden.

Dieses Problem möchte ich aber in der Diskussion aufgreifen und zum Abschluß auf den Aspekt der Arbeitsorganisation eingehen ...

Wir blenden uns an dieser Stelle aus dem weiteren Vortrag aus und besuchen das Seminar „Persönlichkeitsbildung in der Arbeitstätigkeit".

Im Seminar

Nach der Vorlesung haben wir folgende Problemdiskussion aufgezeichnet:

Koll. E. (Praktikant): Sie sprachen oft von persönlichkeitsbildenden oder -formenden Momenten im Arbeitsprozeß. Was heißt dies genauer, wie kann man sich das praktisch vorstellen, welche Kriterien gibt es dafür ...?

Dr. A.: Halt, halt – bleiben wir zunächst bei diesen Fragen stehen, sonst muß meine Antwort zu lang werden. Also, bei diesem Problem gehe ich davon aus, daß die Arbeitsaufgaben unter solchen Bedingungen erfüllt werden, die die Arbeitstätigkeit leistungsstimulierend erleben lassen. Erreichte Leistungskennziffern und hohe Qualität eines Produktes oder die Plantreue, verbunden mit dem Welthöchststand für ein Produkt, sind wesentliche Arbeitsergebnisse, die von der Gesellschaft positiv bewertet und stimuliert werden. Jedoch beschränken sich, wie nochmals zu betonen ist, die Tätigkeitsresultate nicht nur auf die Leistungsbewertung. Aus den einleitend vorgestellten Beziehungen zwischen Mensch und Arbeit wurde bereits deutlich, daß die Arbeitstätigkeit auch einen entscheidenden Einfluß auf das Befinden, das „Sich-wohl-Fühlen" hat. Dies kann leicht am Beispiel veranschaulicht werden. Schauen Sie bitte auf diese Folie (Abb. s. S. 57)!

Ein Dreher, der an einer NC-Maschine für die Organisation der Materialbeschaffung zuständig ist, der das Programm selber schreibt und herstellt, anstatt es sich aus einer Programmbibliothek zu holen, der über Werkzeugwechsel, Instandhaltung und, wenn notwendig, auch Reparaturen eigenverantwortlich entscheidet und sie ausführen kann, ein solcher Kollege wird bezüglich seiner geistigen Fähigkeiten wesentlich mehr gefordert, als würde er lediglich fertige Teile der Maschine entnehmen und ablegen. Die Abb. (s. S. 57) verdeutlicht, wie sich diese unterschiedlichen Bedingungen auf das Wohlbefinden auswirken. Oder ein zweites Beispiel: Der Chemiefacharbeiter bzw. Ingenieur, der bei der Anlagenüberwachung mehr als die Hälfte seiner Arbeitszeit damit verbringt, auf Störungsmeldungen zu warten, kann seine produktiven Möglichkeiten natürlich erst nutzen, wenn ihm weitere Teiltätigkeiten entsprechend seiner Qualifikation übertragen werden. Zu denken wäre beispielsweise an die Mitarbeit bei der Prozeßanalyse, das Aufstellen von Reparaturprogrammen usw. Verallgemeinernd lassen sich hieraus zwanglos einige Voraussetzungen ableiten, die entsprechend dem Menschenbild unserer Gesellschaft Grundlage dafür sind, daß die Ar-

Arbeitsaufgaben an NC-Maschine	Arbeitsorganisatorische Verteilung der Arbeitsaufgaben auf verschiedene Werktätige	
	Werk 1	Werk 2

Programmherstellung

Werkzeugeinstellung

Montieren des Werkzeuges

Beschicken/Entleeren

Wartung

Reparatur

Maschinenbelegung

		Werk 1	Werk 2
Wirkungen der unterschiedlichen Anforderungen	Krankenstand/Jahr	7,82 %	12,13 %
	Arbeitsunfähigkeits-dauer/Person	16,00 Tage	26,67 Tage
	Arbeitsunfähigkeits-häufigkeit/Person	1,5	2,97

Die Arbeitsinhalte beim Einsatz von NC-Maschinen hängen stark von arbeitsorganisatorischen Festlegungen ab. Die schraffierte Fläche veranschaulicht die Anforderungsvielfalt bei mehr flexiblerer Funktionsverteilung im Kollektiv gegenüber einer mehr festen Zuordnung. Übergangsformen sind leicht abzuleiten. Neben qualitativen Auswirkungen (höhere Arbeitsproduktivität, größere Neuerertätigkeit, geringe Fluktuation, gesenkte Stillstandszeiten usw.) zeigt die Abbildung auch einige quantitative Effekte des unterschiedlichen Niveaus im Arbeitsinhalt.

beitstätigkeit persönlichkeitsfördernd wirkt. Dazu rechnen die Förderung der Selbständigkeit, das Ermöglichen von Entscheidungen, das geistige „Gefordertsein", zusammengefaßt: die Anwendbarkeit der erworbenen Qualifikation bei der täglichen Arbeit.

Koll. C.: Aber man möchte sich doch während der Tätigkeit auch einmal mit seinem Nachbarn unterhalten, sich mit ihm über günstige technische Lösungen verständigen und daraus u. U. selbst etwas Neues entwikkeln.

Dr. A.: Richtig, neben den von mir genannten Ge-

Industrieroboterzentrum zur automatischen Bearbeitung von rotationssymmetrischen Teilen. Etwa 200 Bauteile können in verschiedenen Stückzahlen gefertigt werden. Überwachen, Programmieren, Instandhaltung – dies sind nur einige der neuen Tätigkeiten im Fertigungsprozeß.

sichtspunkten müssen weitere beachtet werden, die in meinen Beispielen nicht ganz so offensichtlich waren. Gedacht ist dabei an den so wichtigen Sachverhalt des „Menschen als soziales Wesen", den Koll. C. im Auge hatte. Ohne Kommunikation und Kooperation, ohne Kollektiv im weitesten Sinne ist kein Arbeitsprozeß denkbar (Abb. s. S. 59). Daher sind Möglichkeiten für einen tätigkeitsspezifischen und auch darüber hinausgehenden Informationsaustausch für alle Arbeitsplätze zu sichern. Ein weiterer Sachverhalt muß hier unbedingt betont werden: Die im Zuge der Rationalisierung gegebenen Möglichkeiten für Schöpfertum im Arbeitsprozeß bedeuten

Die Sicherung von Kommunikationsmöglichkeiten ist ein Anliegen der psychologischen Arbeitsgestaltung, das für Tätigkeiten an den modernen Arbeitsplätzen in der Industrie zusehends an Bedeutung gewinnt.

doch auch, daß der Werktätige sich mit seiner Tätigkeit intensiv beschäftigen kann, z. B. Neuerervorschläge entwickelt, Qualifikationsprogramme bearbeitet, Qualitätsanalysen über die von ihm erzeugten Produkte anfertigt usw. Vereinfacht gesagt, es werden eigene und kollektive Erfahrungen gesammelt, und dies macht einen wesentlichen Aspekt des „Lernens im Arbeitsprozeß" aus. Der Erwerb neuer Kenntnisse und auch Fertigkeiten im Arbeitsprozeß ist eine weitere Möglichkeit, daß die Arbeitstätigkeit persönlichkeitsbildend auf den Werktätigen wirkt. Die Voraussetzungen hierfür zu schaffen sollte Zielstellung jedes Leiters sein.

Koll. F. (Ingenieur): Ja, das scheinen mir alles wesent-

Ansicht einer modernen Meßwarte mit Bildschirmtechnik für die Produktionsführung.

liche Bedingungen zu sein, die sich positiv auf den Werktätigen auswirken, und viele von ihnen müßte man eigentlich schon beim Entwurf des Projektes beachten, zumindest als Ingenieur, Projektant, Technologe oder Konstrukteur.

Kolln. D.: Mich bewegt noch ein zweites Problem. Gern würde ich etwas mehr, als Sie in der Vorlesung ausführten, über negative Beanspruchungsfolgen erfahren. Ich bin oft ziemlich beansprucht, vor allem wenn wieder Berichte anstehen und ich all das, wofür mein Chef monatelang Zeit hatte, in 2 Tagen fertig haben soll ... Richtig gestreßt fühle ich mich dann!

Koll. B.: Gleich noch dazu: Kann man eigentlich die Beanspruchung „messen"? Für unser WAO-Kollektiv

hätte das z. B. im Zusammenhang mit der Arbeitsbewertung und -klassifizierung hohe Bedeutung.

Dr. A.: Da wir nur noch 10 Minuten Diskussionszeit haben, möchte ich zusammenfassend auf die Anfragen eingehen.

Nutzung der Qualifikation, geistige und körperliche Aktivität im Arbeitsprozeß oder Lernen sind nur einige Kriterien beim Beurteilen des positiven Einflusses der Arbeit auf den Werktätigen. Aber alle diese angestrebten positiven Tätigkeitsfolgen werden natürlich erst dann wirksam, wenn es gelingt, negative Einflüsse des Arbeitsprozesses auf den Werktätigen weitgehend zurückzudrängen. Solche negativen Folgen sind immer auf Fehlbeanspruchung (viele sagen auch „Belastung") zurückzuführen. Diese Fehlbeanspruchungen, d. h. behebbare Mißverhältnisse zwischen Arbeitsbedingungen,

Arbeitsaufgabe und individuellen Dispositionen können beim Werktätigen je nach den konkreten Bedingungen zur Ermüdung, zur Monotonie, zur Sättigung oder zum Streß führen, d. h. das Befinden negativ beeinflussen.

Ermüdungswirkungen äußern sich in Abnutzungs- und Verschleißerscheinungen bzw. Schädigungen von Organsystemen, die irreversibel sind und die über das Maß der normalen Abnutzung im Verlauf eines Lebens hinausgehen. Der weitgehendste Schutz der Werktätigen vor solchen Auswirkungen ist selbstverständlich und auch gesetzlich im einzelnen geregelt.

Häufiger sind Funktionseinschränkungen (Einbuße an Leistungsfähigkeit) im psychischen Bereich infolge der Ermüdung, die nach einer entsprechenden Erholungsphase wieder vollständig verschwinden.

Infolge gleichförmiger, einfacher, sich häufig wiederholender Handlungen wird der Mensch in einen Zustand geminderter Aktivität versetzt, der die Leistung beeinträchtigt. Dieser Sachverhalt wird als *Monotonie* bezeichnet. Wir können solche Zustände häufig bei Fließbandarbeitern oder bei Werktätigen, die einfache Maschinenarbeit in der Massenproduktion durchführen, beobachten.

Der Zustand *psychischer Sättigung* ist durch eine zunehmende affektgetönte Abneigung gegen die auszuführende Tätigkeit charakterisiert. Prinzipiell kann eine solche Erscheinung bei jeder Arbeit auftreten. Das hängt unter anderem auch mit aktuellen Einstellungen und Haltungen des Werktätigen zusammen. Bestimmte Tätigkeiten scheinen jedoch besonders prädestiniert zu sein, Sättigungsphänomene hervorzurufen (häufig langweilige, anregungsarme und doch aufwendige Arbeiten). Die zunehmende negative Einstellung zur Arbeit kann von der Leistungseinschränkung bis hin zum Abbruch der Tätigkeit führen („Ich habe die Arbeit satt, ich schmeiße die Arbeit hin").

Im Unterschied zur Ermüdung bedarf es bei Monotonie oder Sättigung keiner Erholungsphase. Bei Tätigkeitswechsel oder allgemein stimulierenden Maßnahmen ist die volle Leistungsfähigkeit sofort wieder hergestellt. Subjektiv erlebt, haben jedoch Ermüdung, Monotonie u. a. Zustände insofern Gemeinsamkeiten, als daß das Wohlbefinden des Menschen erheblich beeinträchtigt wird.

Bei Streß – das Wort „gestreßt“, liebe Kollegin D., sollten Sie lieber vermeiden – handelt es sich um einen Zustand, der im Verlaufe der Arbeitstätigkeit unter speziellen Bedingungen vorkommen kann. Im Gegensatz zum heute leider üblichen Verständnis des Streß' als Sammelbegriff für alle möglichen und unerwünschten Formen der Beanspruchung bezeichnet Streß bez. des Arbeitsprozesses einen Zustand von Erregung und Anspannung, der durch ein Bedrohungsgefühl infolge der Anforderungen entstehen kann. Bereits hieraus ist ersichtlich, daß es im alltäglichen Arbeitsprozeß bei Einhaltung der gesetzlichen Bestimmungen kaum zu Streßzuständen kommen wird. Allerdings sind auch Sondersituationen, z. B. bei einer Havarie, denkbar, die die genannten Erscheinungen auslösen können. Dazu ist zu bedenken, daß die Streßentstehung auch sehr stark von der Persönlichkeit, die sich in der Sondersituation befindet, abhängt. Dieser Tatbestand führte zu dem Versuch, Typen von Werktätigen, die in spezieller Weise streßanfällig bzw. -resistent sind, zu klassifizieren. Gleichgültig, wie diese „Einstufungen“ – über die das letzte Wort noch nicht gesprochen ist – auch aussehen, muß festgehalten werden, daß Streß im o. g. Sinne nicht zumutbar ist. Ihm ist vorwiegend durch spezifische Qualifikation und zweckmäßiges Gestalten der Arbeitsbedingungen zu begegnen.

Nach dem Gesagten besteht sicherlich volles Einverständnis darüber, daß es von großer praktischer Bedeutung ist festzustellen, wann und in welchem Ausmaß die genannten, das Wohlbefinden störenden Zustände auftreten. Diese Feststellung setzt voraus, daß Meßmöglichkeiten vorhanden sind, um die negativen Auswirkungen von Beanspruchungen zu bestimmen: und damit komme ich zur Anfrage von Koll. B.

Wie von anderen Disziplinen wurde auch von der Psychologie eine Reihe mehr oder minder praktikabler Methoden entwickelt, die Aussagen zu dieser Problematik liefern.

Die in der Praxis wohl am häufigsten verbreitete Methode ist das Registrieren des Leistungsverlaufes. Gemessen werden sowohl die Menge (z. B. Stückzahlen) als auch die Qualität des Arbeitsergebnisses (z. B. Fehlerquote). Aus den Schwankungen der meßbaren Leistung können durchaus Schlußfolgerungen auf die aktuelle Leistungsfähigkeit des Werktätigen gezogen werden. Leistungsanstieg und Leistungskonstanz weisen jeweils auf positive Wirkungen der Beanspruchung hin, während der Leistungsabfall auf Beeinträchtigungen schließen läßt.

Über die Messung physiologischer Parameter, wie z. B. der Pulsfrequenz, der Atemfrequenz, der Lidschlaghäufigkeit, der Hirnstromaktivität (EEG) oder der Muskelaktionsströme (EMG), können ebenfalls Hinweise zur Ermüdung gewonnen werden. Mit diesen Methoden ist eine kontinuierliche Messung durch den Einsatz der Telemetrie über den gesamten Tätigkeitsverlauf möglich. Der Zeitpunkt deutlicher Ermüdung ist damit gut zu bestimmen.

Der Vorteil der Erfassung von sog. Befindensdaten besteht darin, daß Motivationen, Einstellungen und Haltungen bei der Beurteilung des Gesamtzustandes mit eingehen. Durch sorgfältig konstruierte und überprüfte Fragebögen erfährt man etwas über das subjektive Gefühl der Ermüdung sowie auch über die zunehmende Abneigung gegen die Tätigkeit (Abb. s. S. 65).

Als brauchbar für das Messen der Ermüdung haben sich auch biochemische Indikatoren erwiesen. Nachweislich eignet sich z. B. die Harnstoffkonzentration als Kennwert.

Außer den genannten Möglichkeiten lassen sich auch aus anderen meßbaren oder beobachtbaren Fakten Schlußfolgerungen auf die Beeinträchtigung durch die

Zur Zeit erfüllte ich alle Arbeitsaufgaben sehr konzentriert.	○	○
Die zu treffenden Maßnahmen kann ich in Störsituationen ohne Schwierigkeiten durchführen.	○	○
Momentan vergeht die Zeit sehr schnell.	○	○
Ich habe mich daran gewöhnt, daß an meinem Arbeitsplatz ständig etwas passieren könnte.	○	○
Ich reagiere momentan nicht ganz so schnell.	○	○
Im Augenblick scheint mir die Zeit gar nicht zu vergehen.	○	○
Ich werde im Augenblick bei der geringsten Störung unruhig.	○	○
Die Tätigkeit ist gegenwärtig recht einförmig, ich wäre über jede Abwechslung froh.	○	○

Beispiele für Fragen aus einem in der DDR entwickelten Meßverfahren zur Erfassung des Befindens der Werktätigen. Im Zusammenhang mit weiteren Indikatoren sind hieraus z. B. Ermüdungsbestimmungen möglich.

Arbeitstätigkeit im weitesten Sinne ziehen. Zum Beispiel kann der Kranken- und Unfallstand ein Ausdruck für das Niveau der Arbeitsbedingungen sein. Aus dem Fluktuationsgeschehen lassen sich u. U. ähnliche Informationen entnehmen. Schließlich können auch aus dem Freizeitverhalten Hinweise zur Beanspruchungssituation gewonnen werden.

Die angeführten Methoden zur Beanspruchungserfassung beinhalten einige Probleme. Die großen Unterschiede der ermittelten Werte für mehrere Werktätige sowie die Unterschiede, die sich aus dem jeweiligen aktuellen Befinden ergeben, schränken häufig die Interpretationsmöglichkeiten ein. Man kann beispielsweise schon physiologische Reaktionen beobachten, ohne daß der Werktätige über Ermüdung klagt. Er empfindet kaum Unwohlsein, obwohl entsprechende physiologische oder biochemische Änderungen vorliegen. Umgekehrt kann sich ein Ermüdungsgefühl einstellen, bevor auch nur annähernd Leistungsgrenzen bestimmter physischer oder psychischer Voraussetzungen erreicht werden. So entsteht die scheinbar paradoxe Erscheinung, daß ein Leistungsanstieg trotz objektiver Beeinträchtigungen zu verzeichnen ist und ein Leistungsabfall bei vollständig erhaltener Leistungsfähigkeit registriert werden kann. Damit ist die Anwendung der Meßmethoden jedoch nicht unsinnig, weil man durch fachgerechte Auswertung (z. B. simultane Mehrfachmessung) eine Reihe von Hinweisen erhält, die zu arbeitsgestalterischen Schlußfolgerungen führen können.

Lassen Sie mich in den letzten 5 Minuten meiner Zeit zum wiederholten Male auf den Einfluß motivationaler Aspekte hinweisen.

Der außerordentliche Einfluß der Arbeitsmotivation auf das absolute Arbeitsergebnis und auf den Leistungsverlauf wurde oft herausgestellt. Die Spielbreite reicht im beschriebenen Zusammenhang von Unlust bis hin zum zeitweisen Überschreiten der Leistungsgrenzen durch die Mobilisierung letzter innerer Reserven. Das Ermüdungsgefühl ist gewissermaßen ein biologisches Schutzsignal, das die Notwendigkeit einer Ruhephase anzeigt. Wann dies geschieht, ist stark abhängig von motivationalen Faktoren. Insofern ist die aktive Auseinandersetzung des Werktätigen mit der Situation von entscheidender Bedeutung. Dem Leistungssportler gelingt es im Wettkampf, dieses Signal zeitweilig zu unterdrükken, ja er ignoriert weitgehend die Anzeichen des Ermüdens und zwingt sich willensmäßig zu Leistungen bis hin zur völligen Erschöpfung. Die starke Motivation, der Siegeswille, ermöglicht ihm, seine Reserven fast vollständig einzusetzen. Im normalen Arbeitsleben ist eine solche Verhaltensweise sicher nicht ratsam. Überhaupt sind Leistungen dieser Art über größere Zeitabschnitte nicht möglich, wenn man keine bleibenden Schädigungen in Kauf nehmen will. Die im Arbeitsprozeß entstehenden Ermüdungssymptome können nur bis zu einer gewissen Grenze durch eine positive Motivation kompensiert werden. Das Ermüdungsgefühl tritt dann in der Tätigkeit

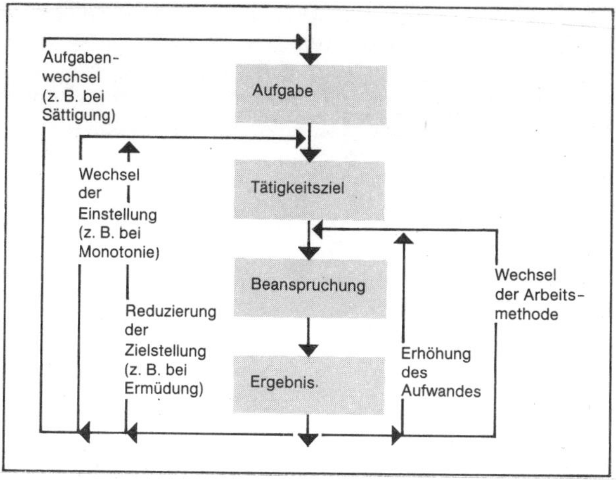

Mögliche Vorgehensweisen eines Werktätigen, um negativen Beanspruchungsfolgen in der Arbeitstätigkeit zu begegnen.

später auf bzw. wird bekämpft, und größeres Engagement ermöglicht eine hohe gleichbleibende Leistung. Natürlich gibt es weitere Formen, um Fehlbeanspruchung zu beherrschen. Man greift z. B. zu anderen „Strategien" der Aufgabenlösung oder ändert einfach seine persönlichen Zielstellungen (Abb. s. S. 67). Natürlich finden wir in der Volkswirtschaft fast immer Arbeitstätigkeiten vor, die eine zumutbare Beanspruchung darstellen. Das sind solche, in denen die Arbeitsanforderungen von für die Tätigkeit tauglichen und entsprechend ausgebildeten Werktätigen über die tägliche Schicht, die Arbeitswoche, ja das Berufsleben ohne Beeinträchtigungen bewältigt werden. Diese müssen aber, wie nochmals betont werden soll, bewußt geschaffen werden. So zwingen die gewaltigen Veränderungen im Arbeitsinhalt zu einer sehr engen und partnerschaftlichen Zusammenarbeit zwischen Technikern und Psychologen!

Damit verlassen wir für eine Weile die Betriebsakademie, um uns einige Informationen über psychologische

Arbeitsergebnisse bei der Gestaltung der Mensch-Technik-Beziehung zu beschaffen. Die zwei entscheidenden Ansatzpunkte hierfür sind die Funktionsverteilung zwischen den Werktätigen bzw. Kollektiven sowie zwischen Mensch und Maschine. Damit ist der Inhalt des folgenden Teils bestimmt.

Teil 3: Mensch und Maschine im Blickfeld der Psychologie

Jeder von uns wird mehr oder weniger beeinflußt von dem intellektuellen Medium, in dem er sich vorzugsweise bewegt.

F. Engels

Arbeitsbedingungen und Psychologie

Wohlbefinden allein durch Grünpflanzen?

Auch wenn in diesem und dem nächsten Jahrzehnt Tausende von Fertigungsprozessen mit Industrierobotern und Bildschirmgeräten ausgerüstet werden, die Leitungstätigkeit mit moderner Technik verbessert wird und der Computer ins Büro einzieht – in der Volkswirtschaft werden weiterhin Arbeitsplätze in großer Zahl benötigt, an denen Werktätige Anlagen steuern, Maschinen kontrollieren und warten oder Einzelteile bzw. Baugruppen manuell zusammenfügen.

Die rationelle Gestaltung und Nutzung dieser Arbeitsplätze ist ein Kriterium des wissenschaftlich-technischen Fortschritts und bestimmt in hohem Maße den Nutzeffekt der Arbeit. Dieser Prozeß ist stark vom Erkenntnisstand der Wissenschaften abhängig und prägt schon seit langer Zeit psychologische Aufgabenstellungen – die Anfänge der „Psychotechnik“ liegen, wie bereits erwähnt, mehr als 60 Jahre zurück.

Wenn man heute psychologische Erkenntnisse bei der Arbeitsmittelgestaltung berücksichtigt, dann immer im ganzen Ensemble persönlichkeitsfördernder Faktoren. Ein optimales Arbeitsmittel allein sichert noch lange keine optimale Tätigkeit. Auf der anderen Seite jedoch können psychologisch unzureichend dimensionierte Arbeitsmittel Ursachen von Fehlhandlungen, Zeitvergeudung oder Qualitätsmängeln sein. Aus diesem Grund müssen sich psychologische Beiträge zur Arbeitsmittelgestaltung notwendigerweise auch mit dem Optimieren des einzelnen Gerätes und Bedienelementes oder der Anzeigevorrichtungen usw. beschäftigen.

Zuvor muß jedoch der Arbeitsumwelt Aufmerksamkeit gewidmet werden. So ist die Qualität der Arbeitsergebnisse direkt bzw. indirekt von ihr (z. B. Lärm, Beleuchtung, Klima, Farbgebung, Vibration u. a.) abhängig. Eine direkte Wirkung kann beispielsweise durch Einschränken, Verfälschen, Verdecken usw. von Informationen erfolgen, indirekte Wirkung liegt vor, wenn die äußeren Bedingungen auf die Leistungsvoraussetzungen des Werktätigen einwirken und damit die Leistungsbereitschaft oder auch -fähigkeit modifizieren (z. B. wirkt die Lohnform auf die Arbeitsmotivation).

Vielfach nachgewiesen sind neben den physiologischen Wirkungen der Umgebungseinflüsse auf den menschlichen Organismus (z. B. auf das Herz-Kreislauf-System, das Gehör oder das Skelettsystem) ihre psychischen Wirkungen, die hier besonders interessieren. Sie können sich hemmend oder förderlich in Informationsverarbeitungsprozessen oder Aktivierungszuständen niederschlagen und somit das Befinden teilweise recht massiv beeinflussen oder die Kommunikation modifizieren. Anschaulich spricht man von Behaglichkeitsbereichen, Farbstimmungen, von der Leistungsstimulation durch Musik usw. Die Ausnutzung dieser Phänomene muß jedoch sehr sachkundig erfolgen. Allzu rasch werden Teilergebnisse verallgemeinert und ohne genügende wissenschaftliche Fundierung in der Praxis ausprobiert, man denke z. B. an den Versuch, durch Musik am Arbeitsplatz oder den „Frühling in der Werkhalle" die Arbeitsbedingungen zu gestalten. Wenngleich unbestrit-

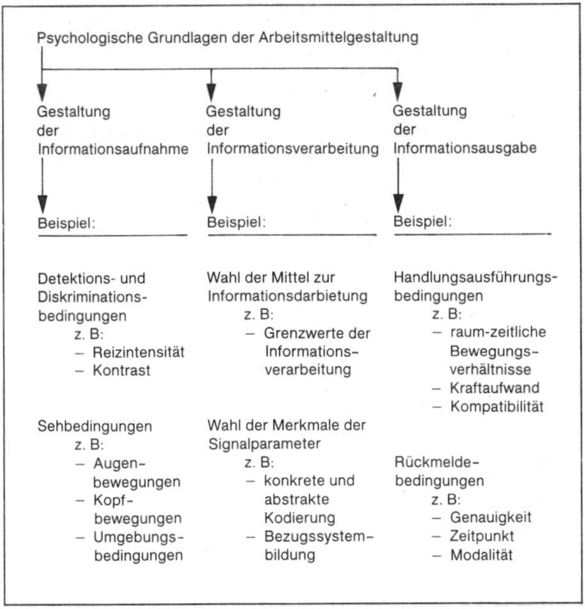

Ansatzstellen der Arbeitsmittelgestaltung unter psychologischer Zielstellung.

ten bleibt, daß hiermit leistungsbeeinflussende Faktoren erfaßt werden, so darf doch nicht außer acht gelassen werden, daß diese (und andere) Maßnahmen auch der „Beschönigung" von Mängeln in der Gestaltung dienen können und dann nichts zum Wandel des Arbeitsinhaltes beisteuern. Eine langfristige Konzeption der Arbeitstätigkeit muß aber an ihrem Beitrag zur Persönlichkeitsbildung und ihren sozialökonomischen Folgen bewertet werden.

In Anbetracht der Schwierigkeit, Verhaltenseigenschaften bzw. geistige Fähigkeiten in der „Sprache" eines Ingenieurs, d. h. in Form von Kennwerten, auszudrücken oder gar zu standardisieren, ist die Aufnahme psychologischer Forderungen in die entsprechenden

Vorschriften erfreulich weit fortgeschritten. Eine psychologische Grundausbildung für alle Techniker, Technologen u. a. mit der Tätigkeitsprojektierung Befaßten würde darüber hinaus weitere Effektivität des Arbeitsprozesses sichern und wäre die billigste Investition für die Produktivitätssteigerung durch psychologische Erkenntnisse.

Welches sind nun die Angriffspunkte für die psychologischen Beiträge bei der Projektierung von Arbeitsmitteln?

Der hier dargestellte psychologische Ansatz geht davon aus, daß es bei Beachten der Qualifikation darauf ankommt, die Technik, also auch die Arbeitsmittel, an den Menschen anzupassen. Mit anderen Worten: Die Arbeitsmittel müssen den Dispositionen für die Informationsaufnahme, -verarbeitung und -ausgabe entsprechen. Beziehungen zwischen Arbeitsaufgabe und zur Lösung notwendiger oder evtl. zusätzlicher Daten, die Nutzung von Gesetzmäßigkeiten der Informationsverarbeitung und Bewegungsausführung sind Wirkungsfelder psychologischer Arbeitsmittelgestaltung (Abb. s. S. 71).

Grenzen der Wahrnehmung

Psychologische Erkenntnisse zur Gestaltung des Informationsangebotes beginnen bereits bei Aussagen über willkürliche bzw. unwillkürliche grob- und feinmotorische Such- oder Einstellbewegungen des Kopfes und der Augen, z. B. beim Beachten einer Meßgerätetafel. Weitere Gesetzmäßigkeiten zwischen Informationsangebot und Erkennungsleistung liegen bez. der Intensität, des Kontrastes u. a. Charakteristiken vor. Um Beeinträchtigungen vorzubeugen, sollte hier mit großer Aufmerksamkeit projektiert werden. Auch die Anzeige auf Meßgeräten, die Gestaltung von graphischen Zeichen oder die Stellung und Lage der Schalter, Hebel, Drehknöpfe usw. ist nach den Gesetzmäßigkeiten der menschlichen Informationsaufnahme zu ordnen, damit eine korrekte Wahrnehmung möglich wird. Zum Beispiel werden im Blickfeld liegende Einzelelemente fast immer zusammenhängend

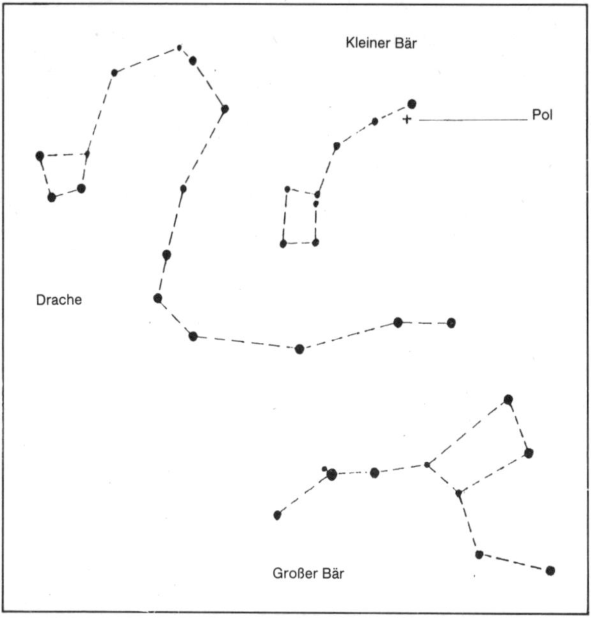

Benachbarte oder gleichartige Objekte werden vom Menschen oft zusammenhängend wahrgenommen. Diese Zusammenfassungen sind als Gruppenbildungen (in der Wahrnehmung) bekannt. Die Nutzung solcher „Gestaltgesetze" ist für Anliegen der psychologischen Arbeitsgestaltung unerläßlich. Die Abbildung zeigt, daß diese Gruppierungstendenzen in der Wahrnehmung auch begrifflich repräsentiert sein können: Einzelne Sterne werden in einer „Gestalt" (Sternbild) zusammengefaßt und benannt.

gesehen, d. h. subjektiv gegliedert. Man bezeichnet diesen Vorgang auch als Gruppenbildung in der Wahrnehmung (Abb. s. S. 73). Diese Gruppenbildung erhöht die Aufnahmekapazität für Signale und kann, richtig angewendet, zu verblüffenden Leistungssteigerungen führen. Wichtig für die Anpassung des Informationsangebotes an die Fähigkeiten für die Informationsaufnahme ist zweifellos auch eine genaue Kenntnis der Schwellen für die dargebotenen Signale. Schwellen sind Grenzwerte für physikalische Größen (Farben, Helligkeit, Töne), die gerade noch wahrgenommen werden bzw. deren Veränderung gerade noch bemerkt wird. Bereits aus dieser Erläuterung folgt, daß es offensichtlich verschiedene Schwellen gibt (sog. Absolut- und sog. Unterschiedsschwellen) und daß diese neben statistischen Schwankungen auch vom jeweiligen Rezeptorensystem (z. B. Auge, Ohr, Tastsinn) abhängen. Daher können für alle betriebspraktischen Aussagen die Angaben zu den Schwellenwerten auch nur Orientierungen sein.

An dieser Stelle mag der Einwurf kommen, daß in der Realität des Arbeitsplatzes solche Grenzwerte nicht vorkommen, weil alles „auf Nummer sicher“ bez. der Erkennbarkeit ausgelegt ist. Dagegen wird zu bedenken gegeben, daß bereits das einfache visuelle Abschätzen (das sog. Interpolieren) von Meßdaten bei Analoganzeige, das Unterscheiden von Hupsignalen oder das Differenzieren von zwei unterschiedlichen Blinkfrequenzen nur möglich ist, wenn die angezeigten Werte nicht „verschmelzen“, d. h. weit außerhalb der Unterschiedsschwelle liegen.

Die große Anzahl von Publikationen im Zusammenhang mit der Bildschirmtechnik gerade zum Themenkreis „Information“ zeigt, wie aktuell solche fast klassischen Erkenntnisse sind und daß sie bedingungsabhängig immer wieder experimentell modifiziert werden müssen. Je besser es gelingt, die beschriebenen Gesetzmäßigkeiten bei der Arbeitsmittelgestaltung zu berücksichtigen, desto wirksamer kann die Informationsverarbeitung des Werktätigen im Arbeitsprozeß unterstützt werden. Für Konstrukteure, Gestalter u. a. kann daher diese Beziehung zur Psychologie eine wichtige Grundlage ihrer Arbeit sein.

Der „Rasenlatscher“ als Zeitökonom

Aber nicht nur für solche Wahrnehmungsleistungen gibt es spezielle Grenzwerte. Auch für die Informationsverarbeitung im Arbeitsprozeß gelten psychische Gesetzmäßigkeiten. Wo z. B. das Behalten, Zählen oder Verknüpfen von Werten notwendig ist, wird dies mit steigender Datenmenge, Beobachtungszeit und anderen Bedingungen immer schwieriger. Ganz unmöglich ist es bereits, mehr als drei Werte, die um viele Minuten verzögert angezeigt werden, gemäß einer Rechenvorschrift neben der eigentlichen Arbeitstätigkeit ohne Hilfsmittel zu einer Aussage zu verbinden – eine Anforderung, die bei einer Überwachungstätigkeit jedoch nicht auszuschließen ist.

Praktisch bedeutsame Ergebnisse bei der Analyse der menschlichen Informationsverarbeitung liegen auch zur Wiedererkennung von Signalen vor, besonders für den Fall, daß kein direkter Vergleich mit einem „Bezugssignal" möglich ist. In diesem Zusammenhang wurden nicht nur entsprechende Grenzwerte gefunden, sondern auch Möglichkeiten, diese in gewünschter Weise zu verschieben, z. B. durch sog. Ankerbildung. Ein weiteres Exempel für die arbeitsgestalterische Relevanz psychologischer Untersuchungen zur Informationsverarbeitung ist die Projektierungsanweisung: Gestalte so, daß Informationsdarbietung und Handlung „sinnfällig übereinstimmen", „miteinander verträglich sind" (aus der Rechentechnik wurde hierfür der Ausdruck „Kompatibilität" übernommen). Gemeint ist damit, solche Verhaltensmuster bei der Arbeitsgestaltung zu berücksichtigen, die der Werktätige erlernt hat und die den Charakter von Stereotypien erreicht haben. Stereotypien sind individuelle Verhaltensweisen, die in ähnlichen oder gleichen Situationen immer wieder unverändert ablaufen. Solche erlernten, von jedem erwarteten „Vereinbarkeiten" von Informationsangebot (d. h. Situation) und ihm entsprechender Handlung (Verhaltensweise) müssen arbeitsgestalterisch unbedingt berücksichtigt werden. Geschieht dies nicht und ein Umlernen, d. h. Aufheben der Stereotypien, ist erforderlich, so ist damit bereits eine potentielle Unfallquelle „vorprogrammiert". Denn: In stark beanspruchenden Situationen schlägt oft die ursprüngliche Verhaltensweise, der Stereotyp, wieder durch. So bereitet auch für den Erfahrenen das Lösen von Schraubverbindungen mit Linksgewinde Schwierigkeiten, wenn er unter Zeitdruck steht. Er hat „vergessen", daß es sich um Linksgewinde handelt. Oder beobachten wir einmal Erwachsene beim Überqueren von Grünanlagen. Oft werden nicht die künstlich angelegten Wege benutzt, sondern Abkürzungen. Rasch erwirbt man sich so den Ruf des „Rasenlatschers". Aber bevor man dies ausspricht, möge man bedenken, daß mit dem Verkürzen eine Zeitersparnis verbunden ist. Beim Spazierengehen muß sie nicht ins Gewicht fallen, auf dem Weg zur Arbeit kann sie das Erreichen der Straßenbahn bedeuten. Das Problem, das sich hier verbirgt, liegt darin, daß entwicklungsgeschichtlich entstandene Optimierungsprinzipien, wie es Stereotypien auch sein können, das menschliche Handeln bestimmen. Wo gegen diese erworbenen Prinzipien verstoßen wird, kann es zu Konflikten kommen. In kritischen Situationen ist das Verhalten dann am ursprünglichen Optimierungsprinzip orientiert. (Im Beispiel: Zeitersparnis.) Auf Stereotypien im menschlichen Handeln bei der o. g. Grünflächengestaltung zu achten wäre also zweckmäßiger, als Wege u. ä. nach undurchsichtigen „Schönheitsprinzipien" anzulegen (Abb. s. S. 77).

Beim „Anlegen" eines Arbeitsplatzes gilt das gleiche: Stereotypien in der Wechselwirkung zwischen Bedien- und Anzeigegeräten sind zu berücksichtigen. Man bedenke die Konsequenzen, wenn in Notsituationen die Bewegung eines Schalters von rechts nach links nicht die durch die Erfahrung bestätigte Wirkung „weniger" oder „aus" hätte (Abb. s. S. 78).

Betrachten wir ein letztes Beispiel arbeitsgestalterischer Konsequenzen psychologischer Gesetzmäßigkeiten der menschlichen Informationsverarbeitung. Das Wiedererkennen eines Signals hängt auch davon ab, inwieweit die anschaulichen Merkmale der angebotenen Information mit den vom Werktätigen erlernten Vorstellungen (den „inneren" Abbildern) über wesentliche Merkmale des dargestellten Objektes übereinstimmen. Erkennt man auf dem ersten Blick, was ein Zeichen be-

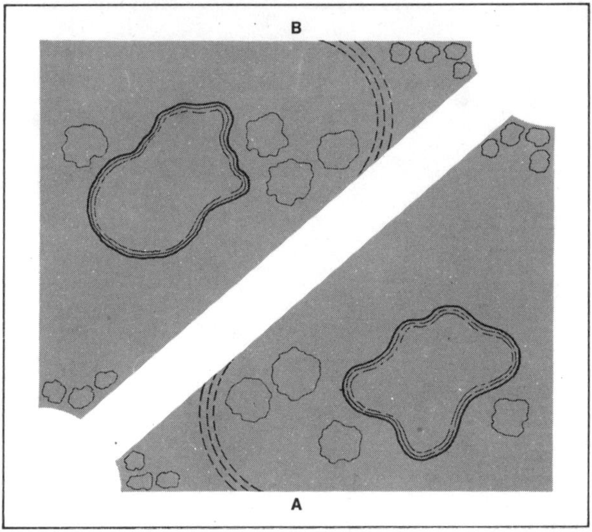

Sog. Trampelpfade sind nicht nur Ausdruck von Unachtsamkeiten der Bürger. Sie können auch als Korrektur von Gestaltungsplänen aufgefaßt werden, die elementaren Ökonomieprinzipien menschlichen Verhaltens widersprechen.

deutet, spricht man von anschaulicher, im anderen Fall von abstrakter Kodierung. Diese „Informationskodierung“ gehört übrigens zu den am besten durchgearbeiteten Problemfeldern der Arbeits- und Ingenieurpsychologie.

Auch die Informationsausgabe ist zu gestalten

Die Informationsausgabe, d. h. die die Handlungsausführung bestimmenden äußeren Bedingungen, gewannen durch die Anforderungsverlagerungen beträchtlich an Bedeutung für die Arbeitsgestaltung. Vorrangig ist hier die durch die Mikroelektronik bewirkte zunehmende Beanspruchung der Motorik (z. B. bei Augenbewegungen), verbunden mit Wahrnehmungsprozessen (die sog. Sensomotorik), zu nennen.

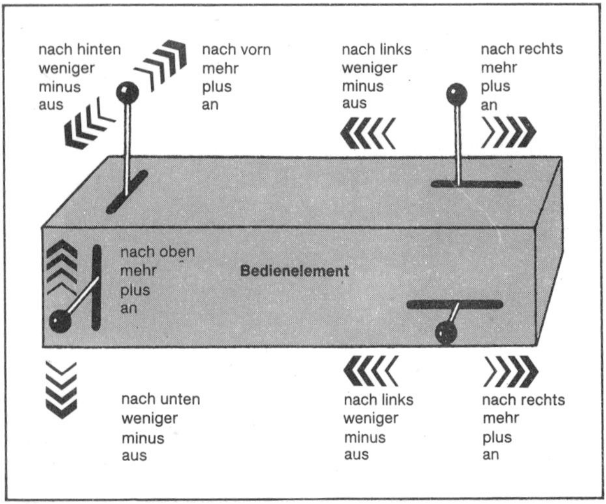

Erwartungen hinsichtlich des Zusammenhanges von Bewegungsrichtung eines Bedienelementes und der Wirkung bestehen bei jedem Werktätigen. Typische Beispiele zeigt die Abbildung. Die Berücksichtigung dieser Zusammenhänge erhöht die Arbeitssicherheit.

Alle Geräte, die an der Nahtstelle von Mensch und Maschine zur Datenein- und -entnahme verwendet werden, weisen beispielsweise manuell zu handhabende Kontaktelemente auf (Lichtgriffel, Maus, Tastatur), deren Gestaltung sorgsamst Aufmerksamkeit zu schenken ist. Aber auch die Auslegung von Bedienmitteln oder ihre günstige raumzeitliche Anordnung für die Arbeitsbewegungen sind als leistungsbeeinflussende Faktoren immer wieder neu bez. ihrer konstruktiven Ausführung zu durchdenken. Dies gilt auch, obgleich der wissenschaftlich-technische Fortschritt in Bereiche vorgestoßen ist, die noch unlängst kaum für automatisierbar gehalten wurden (wie beispielsweise die Entwicklung des Bondautomaten für die Herstellung von Mikroprozessoren zeigt).

Die „gute Form“ ist erwünscht!

Schließlich ist auf einen speziellen interdisziplinären Aspekt der Arbeitsmittelgestaltung zu verweisen, der von verantwortlichen Leitern hin und wieder unterschätzt wird. Beim Bewerten eines Arbeitsplatzes, der Arbeitsumwelt oder auch ganzer Anlagen hört man oft das Urteil „formschön“, „gut gestaltet“, also an ästhetischen Maßstäben orientierte Bewertungen. Auch beim Kauf eines Gerätes für den persönlichen Gebrauch wird vielfach mit der Formgestaltung geworben, kurzum, im Bewußtsein des Werktätigen wird ein auf „Äußerlichkeiten“ orientiertes Wertsystem bekräftigt. Die Verantwortung der industriellen Formgestaltung für ein sozialistisches Gesicht der Technik und seine Repräsentation in der Bevölkerung wird hiermit nachdrücklich unterstrichen. Die „Äußerlichkeiten“ müssen mit entsprechenden Vorzügen für den Nutzer verbunden sein. Wer ein „schönes“ Gerät kauft und beim Gebrauch feststellt, daß z. B. die Zahlen beim Ablesen schlecht zu erkennen sind, notwendige Reparaturen nur mit „Verrenkungen“ durchgeführt werden können oder dessen Zuverlässigkeit zu wünschen übrig läßt, hat sich vom „Schein“, von der „Form“ leiten lassen.

Weder eine sog. Produktionskosmetik entspricht unseren kulturellen Auffassungen und ästhetischen Vorstellungen, noch eine verkaufsförderliche „Modernität“ wird angestrebt. Gesichert werden muß jedoch der ästhetische Anteil beim Entwickeln industrieller Produkte und Anlagen, genauer, die Übereinstimmung von Form und Funktion. Erst hierfür gibt es die begehrte Auszeichnung „Gutes Design“, und ihre Verleihung könnte mit ein Anknüpfungspunkt dafür sein, wie tiefgehend arbeitswissenschaftliche und -psychologische Erkenntnisse beim Entwurf der Arbeitsmittel durchgesetzt wurden.

Warten – kein Grund für Unzufriedenheit

Vom Einzelgerät zur Bildschirmwarte

„Die Parameter lassen sich einfach einstellen. Das Problem, vor dem wir hier stehen, ist das Warten auf ein Ereignis, das nicht eintreten soll (z. B. eine Störung). In Bruchteilen von Sekunden müssen wir dann u. U. über Millionenwerte entscheiden. Das ist eine ganz schöne Nervenbelastung, mit der man nicht so einfach fertig wird." (Harry F., Meßwartenfahrer)

Äußerungen solcher Art kann man des öfteren im Gespräch mit Meßwartenfahrern an hochautomatisierten Großanlagen hören. Sie weisen sehr prägnant auf die wichtigsten Sachverhalte hin, die für die Tätigkeit beim Fahren eines Kraftwerkes, einer Chemieanlage u. a. psychologisch relevant sind: Erkennen, Vergleichen, Entscheiden und Handeln.

Tätigkeiten mit diesen Komponenten bildeten sich mit der modernen Industrie heraus. Noch zu Beginn unseres Jahrhunderts waren Anzeigegeräte und Bedieneinrichtungen, die für die Überwachung, Kontrolle und Regelung der Energie- und Stoffflüsse in Kraftwerken, in der chemischen Industrie und an anderen Großanlagen benötigt wurden, unmittelbar am Meßort bzw. Eingriffspunkt angebracht, also im Gelände der gesamten Anlage verteilt. Um den Produktionsprozeß leiten zu können, mußte der Arbeiter also durch „Begehen" aller Örtlichkeiten die entsprechenden Informationen erfassen und die Stellorte für Steuerungshandlungen aufsuchen. Bedenkt man, daß dies bei jeder Witterung notwendig war, daß die Meß- und Stellwerte voneinander abhängig sind und die sprachliche Kommunikation mit dem Vorgesetzten oder Kollegen oft sehr erschwert war, wird klar, daß man diesen Zustand rasch überwinden mußte. So kam es, daß bereits ab 1935 die Meßgeräte und Steuerungseinheiten auf vorerst noch dezentralisierten Leitständen zusammengefaßt wurden. Die Anforderungen

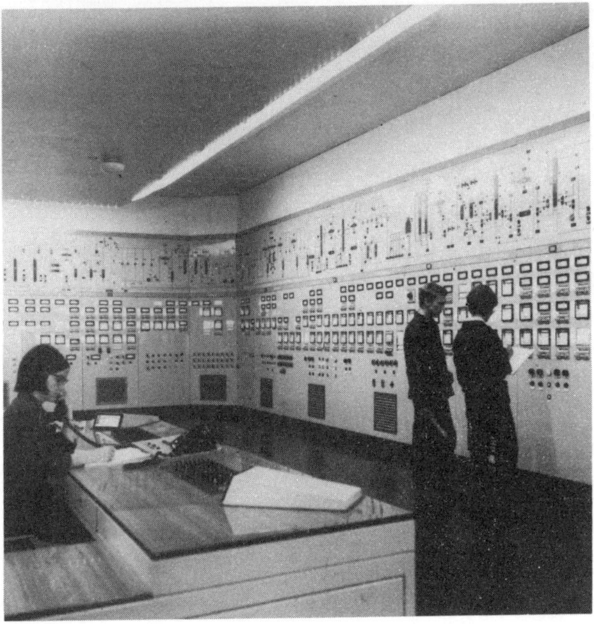

„Traditionelle Meßwarte" mit Fließbild, Gerätefeld und Pult für die Überwachung und Steuerung eines Produktionsprozesses.

an das Personal bestanden jetzt darin, die Meßgeräte zu kontrollieren und entsprechend dem Arbeitsauftrag den Produktionsverlauf in Abhängigkeit von den Anzeigen über Ventile, Schieber usw. zu regulieren, allerdings meist noch „vor Ort".

Etwa um 1950, mit der Entwicklung industriemäßig nutzbarer Meßwertwandler, wurde es möglich, Meßwerte aus den lokal unterschiedlichsten Produktionsabschnitten in einer zentralen Überwachungseinheit („Warte") zu vereinen, d. h., die dezentralisierten Leitstände in einem Raum zusammenzufassen und von hier sowohl die Überwachung als auch die Steuerung der Anlage vorzunehmen (Abb. s. S. 81). Nun vereinte die Tätigkeit des Meßwartenfahrers also Überwachungs- und

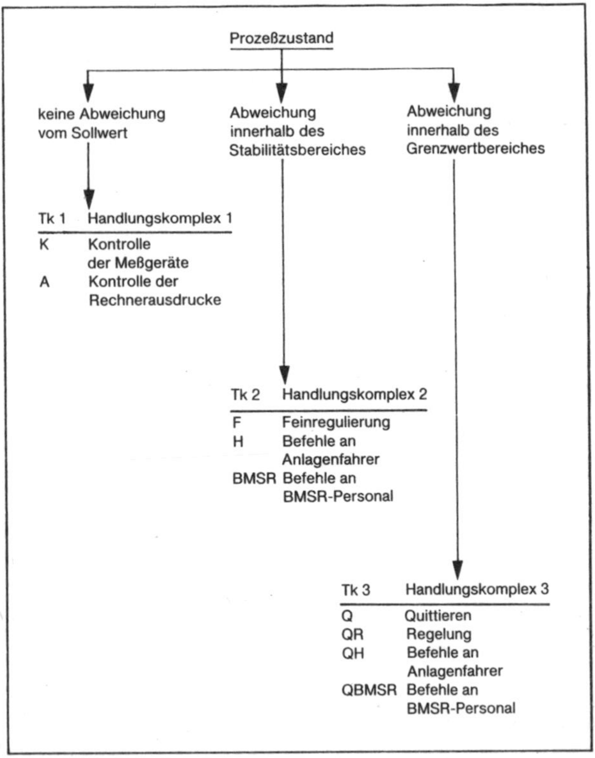

Handlungen eines Meßwartenfahrers während der Arbeitstätigkeit bei Normalbetrieb.

Bedienkomponenten: Die Überwachungstätigkeit ist sowohl in Normal- als auch Störungs- und Havariesituationen notwendig. Bedienhandlungen werden in diesen Situationen bei Abweichungen vom vorgegebenen Sollwert erforderlich. Dazu muß zunächst der Anlagenzustand „identifiziert“ und – gegebenenfalls – anschließend die Störung beseitigt werden. Die Abb. (s. S. 82) zeigt die wichtigsten Handlungen, die im Arbeitsprozeß bei Normalbetrieb notwendig sind.

Viele Tätigkeitsanalysen in solchen Meßwarten erhärten nun in diesem Zusammenhang die eingangs zitierten Äußerungen des Meßwartenfahrers Harry F. und erlauben weitergehende Aussagen: Jene Signale, die besondere geistige Anforderungen notwendig machen (z. B. einer Störung vorbeugen), sind sehr selten, ja sie sollten – wie Harry F. sagte – gar nicht vorkommen. Jene Handlungen aber, die geringere geistige Anforderungen stellen (z. B. der Vergleich von Sollwerten mit den realen Meßwerten) kommen häufiger vor. Bereits an dieser Stelle kann also gefolgert werden, daß psychologische Verbesserungsvorschläge Möglichkeiten anspruchsvoller geistiger Arbeit sichern müssen. Durch funktionelle wie organisatorische Veränderungen in der Tätigkeit kann das erreicht werden.

Allerdings ist in diesem Zusammenhang ein prinzipieller Sachverhalt zu bedenken. Der technische Reifegrad und das wissenschaftlich-technische Niveau der Anlage beeinflussen den Inhalt der Tätigkeit im bedeutenden Maße. Meßwartenfahrer in wenig automatisierten Anlagen beispielsweise haben auch bei Normalbetrieb häufiger informationsverarbeitende Prozesse und motorische Aktivitäten auszuführen („nachsehen, ob alles läuft") als in hochautomatisierten Anlagen. Und auch das subjektive Befinden („Nervenbelastung, mit der man nicht so einfach fertig wird") unterscheidet sich in Abhängigkeit vom Automatisierungsgrad. Bei Normalbetrieb äußerten sich qualifizierte Meßwartenfahrer in Anlagen mit hohem Automatisierungsgrad stärker über „Monotonie" oder „Sättigung" während ihrer Arbeitszeit als in gering automatisierten Anlagen.

Diese Tatsache weist erneut darauf hin, die Funktionsverteilung zwischen Mensch und Technik sorgfältig zu planen, sehr genau auch die Arbeitsorganisation zu bedenken, um den Arbeitsinhalt in diesen modernen Anlagen so qualifikationsgerecht wie möglich zu machen. Der wissenschaftlich-technische Fortschritt führt auch hier nicht – wie nirgendwo – im Selbstlauf zur Persönlichkeitsbildung, sondern es bedarf des gekonnten Umsetzens wissenschaftlicher, insbesondere psychologischer Erkenntnisse, um Einfluß auf die Arbeitstätigkeit im Sinne der Persönlichkeitsformung zu nehmen. Dies wird in Zukunft die Arbeitswissenschaften, wie auch die Psychologie, in verstärktem Maße auf den Plan rufen. Denn schon reifen die modernen, rechnergestützten Informationstechnologien, die seit etwa 1970 – mit der Entwicklung des Mikroprozessors – in die Prozeßleittechnik integriert werden. Sie gewinnen außerordentlichen Einfluß auf die Technologien und Meßwartengestaltung und damit auf die Inhalte der Arbeitstätigkeit. Gegenüber der konventionellen MSR-Technik werden nämlich nun die Regelungs- und Steuerungsfunktionen verbunden, es entstehen neue Automatisierungsstrukturen, die sich auch am Meßwartenarbeitsplatz auswirken. Bildschirme werden zur Beherrschung der Informationswege eingesetzt, die Tafel mit Meßinstrumenten beispielsweise wird durch sie ersetzt (Abb. s. S. 60). Hier steht die Forderung, daß diese rechnergestützte Bildschirmtechnik die Arbeitstätigkeit des Meßwartenfahrers persönlichkeitsfördernd beeinflußt.

Folgende qualitative Veränderungen des informationellen Geschehens auf der Meßwarte werden hierbei besondere Bedeutung erlangen:

Die Informationsverdichtung und -auswahl werden hohes Gewicht erhalten.

Der Dialog zwischen Mensch und Rechner wird möglich und kann durch vielfältige Maßnahmen sehr effektiv, abwechslungsreich und interessant gestaltet werden.

Das „Kodierungsalphabet“ und die Merkmale der Zeichen sind variationsreich zu gestalten und nahezu beliebig kombinierbar.

Fließbilder zur Abbildung des Prozesses können kompatibel mit Meßstellen oder Alarmen rasch den Zustand signalisieren.

Der Meßwartenfahrer hat an seinem Arbeitsplatz mit Bildschirm das Prozeßgeschehen zu beobachten und zu leiten sowie bei Störungen entsprechende Maßnahmen vorzubereiten bzw. durchzuführen, also direkt in den Prozeß einzugreifen. Des weiteren obliegen ihm natürlich unterschiedlichste Registrier- und andere Zusatzaufgaben. Es kann insgesamt erwartet werden, daß die Arbeitstätigkeit auch in einer zentralen Überwachungseinheit mit Bildschirm eine Reihe unterschiedlicher Aufgaben enthält, wobei die sog. reine Bildschirmarbeit aber nur einen Aspekt der modernen Überwachungstätigkeit darstellen wird. Gegenüber herkömmlichen Anlagen ist jedoch darüber hinaus die höhere Verantwortung des Anlagenpersonals infolge der außerordentlich hohen Grundfondsauslastung typisch. Um interessante, abwechslungsreiche und der Berufsbildung angemessene Überwachungstätigkeiten zu schaffen, ist also die Tatsache von Belang, daß viele aus der konventionellen Technik stammenden Gestaltungserfahrungen auch in die „Bildschirmwarte“ übernommen werden können.

Beispiele psychologischer Gestaltungslösungen

Zunächst soll festgestellt werden, daß Vorschläge für Arbeitsverbesserungen oder interessante Arbeitsaufgaben natürlich zu jedem der genannten Teilprobleme möglich sind, jedoch erst im Zusammenwirken aller Maßnahmekomplexe optimumnahe Lösungen entstehen. Also Vorschläge vom Typ: „Meßgerät A sollte verändert werden“ oder „Entstöralgorithmus Pumpenkreis ist zu beherrschen“ schöpfen die Reichweite psychologischer Maßnahmen nicht aus. Aber auch bei komplexerem Herangehen kann die Psychologie keine „Gestaltungs*rezepte*“ ausgeben. Der Werktätige muß aber von Psychologen verlangen können, daß in Abhängigkeit vom Prozeß und seinen Rahmenbedingungen, vor allem vom Automatisierungsgrad, mit ihm gemeinsam Lösungen gesucht werden. Hauptziel ist es hierbei, solche Bedingungen für die Tätigkeit zu schaffen, die eine störungsfreie, effektive Prozeßführung ermöglichen. Darüber hinaus gilt es, auch interessante, dem Qualifikationsniveau des Meßwartenfahrers angemessene Aufgaben zu stellen, die

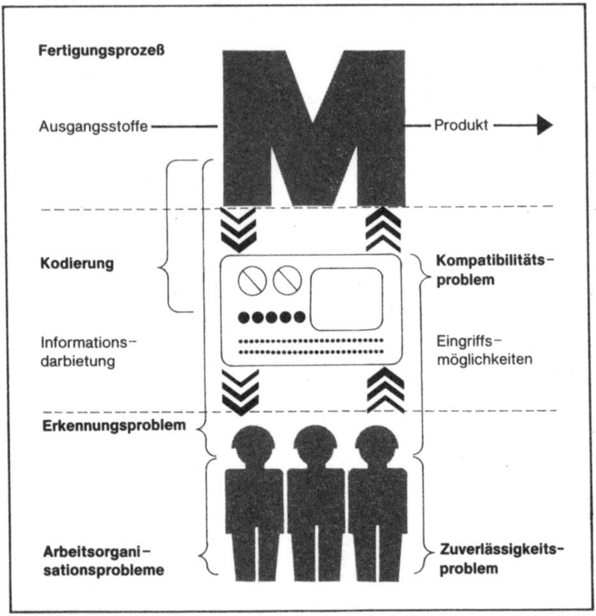

Informationsflüsse bei Überwachungstätigkeiten: Nach Umwandlung der physikalischen Prozeßparameter (Druck, Temperatur) in Signale müssen die Signale der Wahrnehmung des Menschen zugänglich gemacht werden (Kodierung). Die kodierten Informationen erlauben Rückschlüsse auf den Prozeßzustand (Erkennungsproblem). Die Umsetzung der Entscheidung muß eindeutige Zuordnung zu den Eingriffsmöglichkeiten enthalten (Kompatibilitätsproblem). Arbeitsorganisatorische Probleme treten bei der Funktionsverteilung zwischen den Werktätigen auf, eine fehlerfreie Arbeit muß in jedem Fall gewährleistet werden (Zuverlässigkeitsproblem).

Ausbildungszeit und die Zeit zur Fehlerermittlung können durch Anwendung psychologischer Erkenntnisse gesenkt werden. Oben: Originalentwurf eines Fließbildes und seine korrigierte Fassung, unten: die erreichte Reduktion des Zeitaufwandes für die Störungsdiagnose.

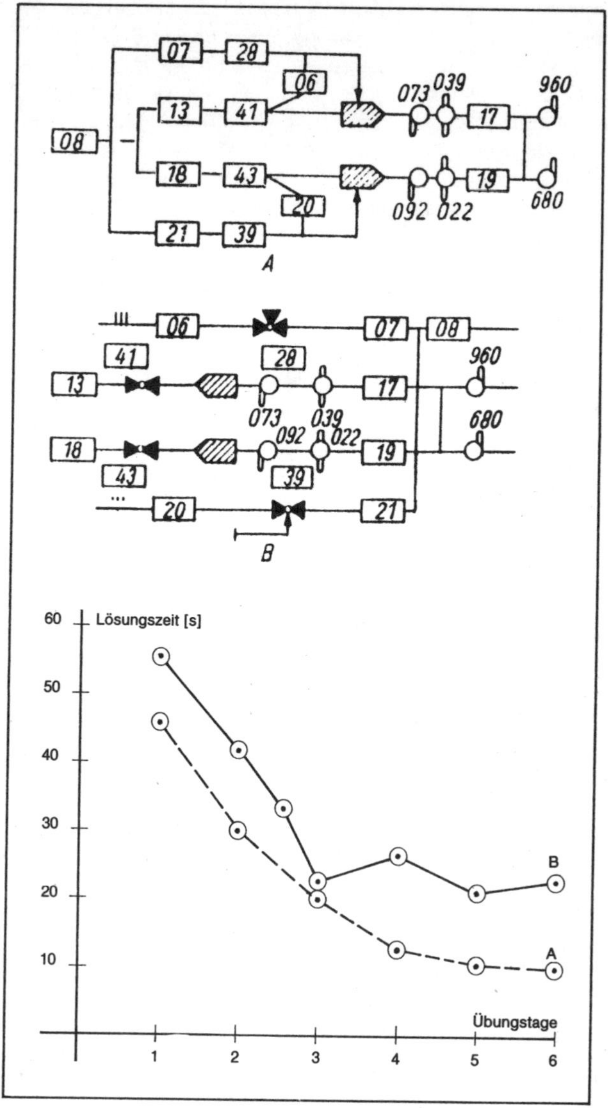

07
28
06
13
41
08
18
43
20
21
39
073
039
17
960
092
022
19
680
A
06
07
08
41
28
960
13
17
073
039
680
18
092
022
19
43
39
20
21
B
Lösungszeit [s]
60
50
40
30
20
10
B
A
Übungstage
1
2
3
4
5
6

ihm gar verschiedentlich „Nüsse“ beim Erfüllen der Arbeitsaufgaben zu knacken geben.

Zwei kurzgefaßte Beispiele sollen mögliche Nutzensbilanzen psychologischer Maßnahmen darstellen. Sie entstammen den beiden grundsätzlichen Ansatzpunkten bei der psychologischen Arbeitsgestaltung – der Funktionsverteilung zwischen Mensch und Technik (erstes Beispiel) sowie zwischen Mensch und Mensch (zweites Beispiel).

Die Optimierung des Informationsaustausches

Psychologische Lösungsbeiträge im Zusammenhang mit Meßwartengestaltung beziehen sich zumeist auf die Optimierung des „Informationsaustausches“ zwischen Mensch und Anlage innerhalb der Problembereiche, wie sie die Abb. (s. S. 86) schematisch zusammenfaßt. Die Effekte dieser psychologischen Beiträge zur Arbeitsmittelgestaltung liegen in ihrer persönlichkeitsbildenden Wirkung sowie im Erhöhen der Zuverlässigkeit der Gesamtanlage, im Verringern der Einarbeitungszeit, im raschen Bewältigen von Problemsituationen sowie allgemein in einer höheren Anlagenverfügbarkeit – ein heute auf dem Weltmarkt nicht mehr zu übersehendes Kriterium. Aus der Vielzahl erarbeiteter Nutzensbilanzen vermittelt die Abb. (s. S. 87) einen Einblick in psychologische Beiträge zur Effektivitätssteigerung.

Noch ein Wort zu Bildschirmarbeitsplätzen in der Meßwarte: Bei der Projektierung künftiger Leiteinrichtungen werden die rechnergestützten Informationssysteme, wie bereits ausführlich begründet, zunehmend an Einfluß gewinnen. Ihre großen Vorteile für die Darbietung und Vorverarbeitung der Meßwerte sowie die Informationsorganisation, aber auch hinsichtlich allgemeiner arbeitsgestalterischer Potenzen, werfen die Frage nach der optimalen Nutzung des neuen Arbeitsmittels „Bildschirm“ für diesen Tätigkeitstyp auf.

Selbstverständlich ist für uns inzwischen, daß die „neue Technik“ immer für die Befriedigung der mit der

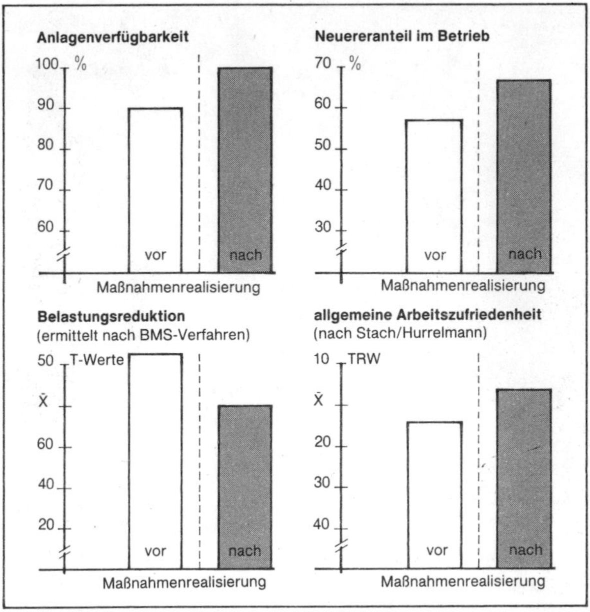

Beispiele für Wirkungen arbeitsgestalterischer Maßnahmen auf der Grundlage psychologischer Tätigkeitsanalysen bei Meßwartenfahrern.

Arbeitstätigkeit zusammenhängenden Bedürfnisse der Werktätigen eingesetzt wird. Mit anderen Worten: Auch noch so große Erfolge in der Hardware-Seite bleiben uneffektiv, wenn der Anlagenfahrer sie nicht nutzt! In der Fachliteratur werden z. B. gegenwärtig folgende Möglichkeiten zur Tätigkeitsgestaltung überlegt:

Sichtgeräte sollten interaktiv genutzt werden,
Einsatz der Bildschirmtechnik für die hierarchische Informationsorganisation so, daß verschiedene Informationsebenen auf mehreren Bildschirmen parallel darstellbar werden,
Darstellung bzw. Vorverarbeitung von Informationen entsprechend dem Qualifizierungsstand bzw. der Erfah-

rung des Anlagenfahrers, z. B. durch lernbedingten Abbau (vorprogrammierter) förderlicher Redundanz in den Informationen,

Entwicklung von Spracheingaben, um ausgewählte Handlungen zu vereinfachen bzw. rascher ausführen zu können (Analoges gilt auch für die Sprachausgabe).

Zugegeben, damit sind bereits sehr spezielle und komplizierte Fragen aufgeworfen. Sie sollen einen Eindruck von den Beziehungen zwischen Psychologie und Technik bei Überwachungstätigkeiten vermitteln, der dem

Industrieroboter werden gegenwärtig entwickelt, um die Menschen von anforderungsarmen Montagetätigkeiten u. a. Aufgaben zu befreien. Der „Griff in die Kiste" jedoch setzt die Lösung komplizierter Erkennungs- und Steuerungsprobleme voraus und ist gegenwärtig schwer automatisierbar.

heutigen Leistungsspektrum und Leistungsanspruch des Faches gerecht wird.

Arbeitsorganisation in der Meßwarte

Unter Arbeitsorganisation soll nachfolgend nur jener Teil der Funktionsverteilung zwischen den Werktätigen verstanden werden, der die Aufgabenverteilung und -kombination erfaßt. Gemeinsam mit dem Kollektiv unseres Anlagenfahrers, der zu Beginn des Kapitels zu Worte

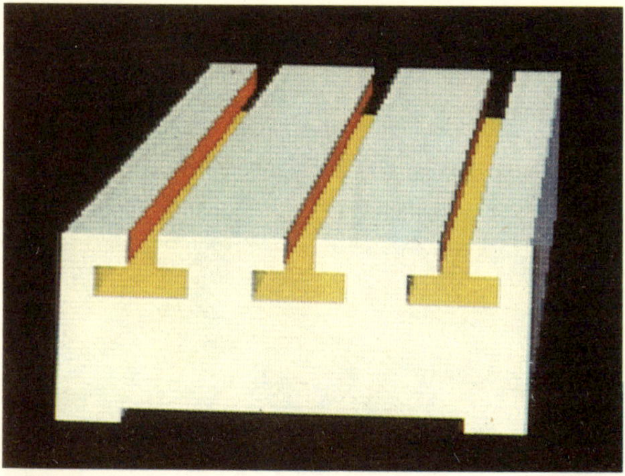

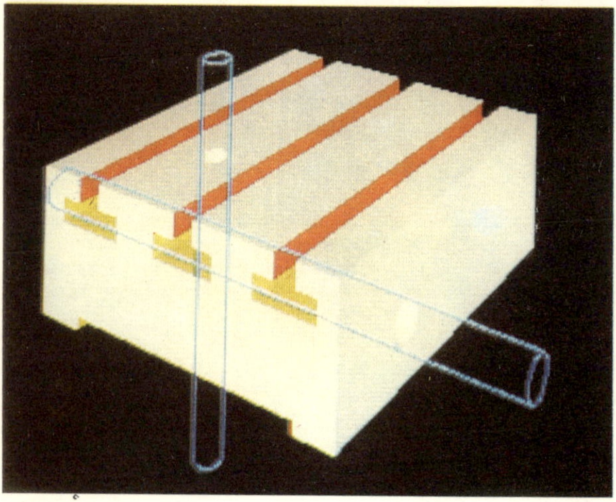

kam, wurden in einem großen Chemiebetrieb eine Reihe von Vorschlägen erarbeitet. Da sie sinngemäß auf viele Arbeitskollektive übertragbar sind, sollen einige von ihnen aufgelistet werden:

Wechsel der Arbeitsplätze innerhalb der Meßwarte nach einem festen Turnus sowie zwischen Meßwarte und Außenanlage,
Einführung von Zusatzaufgaben durch Übernahme produktionsvorbereitender bzw. -analysierender Arbeiten (mit materieller und auch ideeller Stimulierung),
Entwicklung von Bedienanweisungen.

„Und die Effekte?" wird der skeptische Leser fragen, hoffentlich ohne zu erwarten, daß er auf diese Frage eine Antwort über den Nutzen psychologischer Maßnahmen in der Industrie im allgemeinen erhält. Dies würde

Ein Werkstück wird mit Hilfe der Computergrafik entworfen: a) Ausgangsteil, b) Positionierung von 2 Bohrungen, c) Schnittdarstellung (Quelle: ZKI an der AdW der DDR).

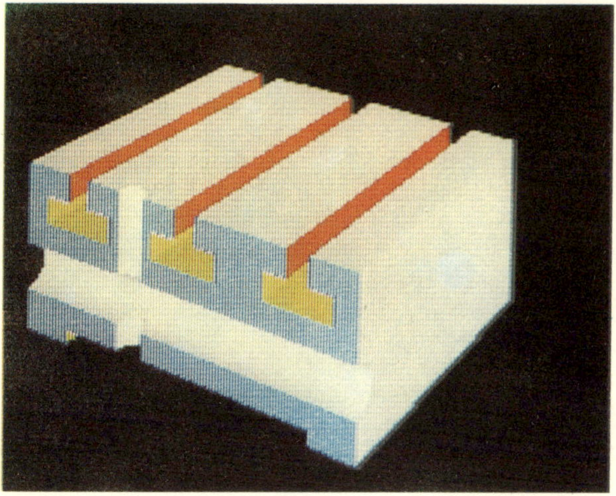

nämlich ein neues Kapitel einleiten. Zum Wert des angeführten „Maßnahmekataloges" sagt ein Blick auf die Abb. (s. S. 89) genügend aus.

Die Roboter sind da

Roboter gestern und heute

Vom Eingang der Werkhalle aus konnte ich sie unlängst bei einer Betriebsbesichtigung sehen: Ähnlich wie urtümliche Insekten mit langen Hälsen, zangenartigen Greifern, kontinuierlich sich hebend, senkend, drehend, transportierten Maschinen schwere Platten, legten sie ab, nahmen neue auf: Roboter! Sie sahen allerdings ganz anders aus als im Film, durchaus nicht menschenähnlich (Abb. S. 90, 91). Sie schreiten, rollen oder gleiten, bewegen sich auf scheinbar immer gleichen Bahnen und lassen sich weder durch Lärm noch durch Hitze u. a. beeinflussen. „Roboter", so erläuterte uns unser Begleiter, „haben die Aufgabe, die Bewegungen der Gliedmaßen des Menschen zu kopieren. Dies können sie, indem sie die Bewegungen selber erzeugen oder indem sie diejenigen des Werktätigen nachvollziehen." Aha, Roboter sind technische Gebilde, die jene Funktionen ausüben sollen, für die der Mensch Arme, Hände oder Beine einsetzen muß – also so etwas wie Automaten. Sollte mit diesen hier tatsächlich funktionierenden Automaten ein uralter Wunschtraum der Menschheit in Erfüllung gegangen sein?

Ich entsann mich meiner Schulweisheit, der *Ilias* und *Odyssee*, in der Homer von künstlichen Hunden und goldenen Dienern sprach, die sich „von selbst annahten zur Schar der unsterblichen Götter". Und so, aufmerksam geworden auf die „eisernen Helfer", fiel mir weiter ein, daß solche Maschinen in der Geschichte der Technik, aber auch der Kunst seit vielen Jahrhunderten eine große Rolle spielten, ja schon die Falle unserer Vorfahren in der Steinzeit schloß sich beim Berühren „automatisch". In der Antike gab es u. a. selbsttätige Türöffner und Konstruktionen, die nach Münzeinwurf Weihwasser spendeten. Auch existierten theoretische Abhandlungen zur Herstellung von Automaten. Die Androiden, die im 18. Jahrhundert als schreitende Puppen von der hohen

CAD-Arbeitsplatz mit Bildschirm für Graphik und Text sowie Rechnereinheit und Ausgabeeinheit.

handwerklichen Fertigkeit und dem technischen Verständnis ihrer Hersteller Zeugnis ablegten, wurden zwar nur als „Pläsiermaschinen" aufgefaßt, dürften aber auch zum Nachdenken über die Entwicklung von Programmsteuerungen angeregt haben (Abb. s. S. 96). Und in der Phantasie unserer Urahnen waren solche künstlichen Gebilde sogar mit typisch menschlichen Fähigkeiten ausgerüstet: Homers goldene Dienerinnen sprachen; in die Geschichte eingegangen ist auch der betrügerische Versuch, einen schachspielenden Automaten zu schaffen; E. T. A. Hoffmanns Puppe Olympia verfügte über großartige „künstlerische" Fertigkeiten und reagierte auf Informationen von außen.

Doch zurück zu den Robotern unserer Zeit. Im Ge-

Ausschnitt einer vollautomatischen Fließlinie, die mit 21 Robotern bestückt ist und mikroelektronisch gesteuert wird.

gensatz zu den vorindustriellen technischen Gebilden, die den damaligen Produktionsmethoden entsprechend nahezu ohne Einfluß auf die Arbeits- und Lebensweise der Bevölkerung blieben, verändern die heutigen Roboter den Inhalt der Arbeit grundlegend.

Mit dem Einzug der Mikroelektronik in die Verfahrens- und Fertigungsindustrie wurde eine Produktionsorganisation möglich, die den Produktionsprozeß mit den Transport-, Umschlag- und Lagerungsprozessen in Form einer „Fertigungsleittechnik" verbindet. Prozeßüberwachung, die Steuerung von Fertigungsabläufen und betriebliche Datenerfassung werden durch Informations- und Steuerungssysteme übernommen. Mit dieser „integrierten Fertigung" wird eine neue Qualität der Produktivkräfte durch Erkenntnisse aus Wissenschaft und Technik möglich. Sie äußert sich in einem wesentlich beschleunigten ökonomischen Kreislauf der Werkstücke (Verkürzung der Durchlaufzeit), ermöglicht, den Grundfonds besser zu nutzen und den Materialverbrauch zu senken, führt zu hoher Flexibilität des Gesamtprozesses und zu deutlichem Effektivitätszuwachs. Die außerordentliche Produktionswirksamkeit einer solchen Form der komplexen und flexiblen Automatisierung führt dazu, daß integrierte Fertigungssysteme in der nächsten Zukunft stark zunehmen werden. Als Schwerpunkte dieser Entwicklung sind abzusehen:

die Automatisierung der Be- und Entladeprozesse sowie der Handhabungsaufgaben durch Industrieroboter,
die stufenweise Erweiterung der Automatisierungsstruktur sowie
die Erhöhung der Leistungsfähigkeit der Fertigungsleittechnik.

Vielleicht fragt der ungeduldige Leser an dieser Stelle: „Und was hat das mit Psychologie zu tun?“

Keine Roboterpsychologie, sondern Psychologie für den Menschen

Es sind mindestens drei Aufgabengebiete, für die ein weitblickender Leiter psychologische Erkenntnisse nutzen sollte:

Zum ersten wäre die Entwicklung von Industrierobotern zu nennen. Industrieroboter höherer Generation sollen fähig sein, Objekte und Szenen zu erkennen, angepaßt zu reagieren und u. U. ihre Handlungen selbst zu planen. Dazu sind effektive Formen der Wissensvermittlung und -repräsentation erforderlich. Dies sind wichtige Forschungsgegenstände auch der Allgemeinen Psychologie, deren Ergebnisse vor allem in der Grundlagenforschung genutzt werden sollten. Ein weiteres Gebiet betrifft die optimale Funktionsverteilung, um einen anspruchsvollen Arbeitsinhalt im Rahmen der Einsatzvorbereitung zu sichern. Fragen der Qualifizierung, arbeitsorganisatorische Lösungsvorschläge, Resultate der psychologischen Arbeitsmittelgestaltung sowie die notwendige Nutzensbilanzierung hinsichtlich der sozialen Folgen stehen im Zentrum arbeits- und ingenieurpsychologischer Leistungen. Ein dritter Problemkreis eröffnet sich mit der Software-Entwicklung. Beim Umgang mit Robotern hängt nämlich die Effektivität der Programmierung, der Fehlerdiagnose und anderer Tätigkeiten auch von psychologischen Gestaltungsprinzipien ab. Dies bezieht sich sowohl auf Informationen für das Programmieren von Arbeitsfunktionen als auch auf die Störungserkennung und -beseitigung.

Sieht man die psychologischen Arbeiten der letzten Jahre durch, die in der DDR zum Themenkreis „Rationalisierung" erschienen, so findet man nur wenige, die sich mit Robotertechnik beschäftigen. Dies ist wohl darauf zurückzuführen, daß gerade im letzten Jahrzehnt die Mikroelektronik in qualitativ neuer Weise praxiswirksam wurde und sich die dargestellten Konturen möglicher psychologischer Beiträge erst abzuzeichnen beginnen. Sie reichen von allgemeinen Untersuchungen zur psychologischen Bewertung der neuen Anforderungen beim Robotereinsatz bis hin zu quasi-experimentellen Analysen zur Arbeitsaufgabengestaltung.

Will man die Leistungsbreite und Anwendungsmöglichkeiten von Robotern beurteilen, so ist zu bedenken, daß es unterschiedliche Typen und Klassen dieser Maschinen gibt. Für die Volkswirtschaft sind bereits einfache Manipulatoren von Bedeutung. Diese „Einleger" sind mechanische Geräte, die lediglich einen festprogrammierten Bewegungsablauf, allerdings beliebig oft, wiederholen. Die Industrieroboter dagegen sind variabel programmierbar. Maschinen der ersten Generation können nur nach festen Programmen und unter fest vorgegebenen Bedingungen arbeiten. Die zweite Robotergeneration dagegen verfügt über wesentlich mehr Funktionen. Mit Sensoren am Greifer, Fernsehkameras zur Aufnahme visueller Informationen und integriertem Mikrorechner bzw. Mikroprozessoren können sie nicht nur ihre ausgeführten Operationen kontrollieren, sondern auch auf Störfaktoren reagieren und einfache Störungen selber beseitigen. In der 3. Generation deuten sich bereits Roboter mit künstlicher Intelligenz an, bis hin zu solchen, die in der Lage sind, adaptiv zu reagieren, d. h. zu lernen und bei der Störungsbeseitigung mit zu agieren.

Bei diesem Blick in die Zukunft sei vor dem allzu großzügigen Umgang mit „Anthropomorphismen" (nur für den Menschen gültige Begriffe) gewarnt. Sicherlich wird jeder verstehen, was gemeint ist, wenn Manipulatoren mit „Gefühl" und „Intelligenz" „Denkleistungen" vollbringen – also vom Menschen projektierte und programmierte Funktionen erfüllen. Aber vor allem in der westlichen Welt existieren solche Mensch-Maschinen nicht nur als phantastische Wesen in der Vorstellung einzelner. In der science-fiction-Szene beispielsweise erlangen die Roboter sogar Bewußtsein. Sie organisieren sich und übernehmen dank der sich vervielfältigenden Intelligenz die Macht über die Menschen, die sie sogleich vernichten wollen. Mit anderen Worten, der Roboter wird in Theorie und Praxis als Konkurrent der Persönlichkeit aufgebaut, moderne Technik verbreitet Angst und Schrecken und ist Schuld an allen, sozialen wie ökonomischen, Folgen des wissenschaftlich-technischen Fortschritts.

Wir wissen natürlich, daß es niemals gelingen wird, eine Maschine mit Bewußtsein zu entwickeln, d. h., die Gesetzmäßigkeiten der gesellschaftlichen Entwicklung auf Automaten zu übertragen – wir wissen dies genauso sicher, wie es allgemein bekannt ist, daß es kein Perpetuum mobile geben wird. Dennoch ist die Suggestivkraft mancher Beispiele so groß, daß man sich hin und wieder auf diese „Grundweisheit" besinnen sollte.

Was der Robotereinsatz für den Werktätigen bedeutet

Sehr viele Betriebe stehen heute vor dem Problem, den Roboter im Produktionsprozeß einzuordnen, allerdings unter anderen Voraussetzungen als die Maschinenmenschen in Čapeks Werk aus den 20er Jahren. Trotz großer Fortschritte in der Automatisierung der Fertigungsprozesse – Herstellen von Maschinenteilen, Montage von Einzelteilen – verbleiben dem Werktätigen auch unter sozialistischen Arbeitsbedingungen noch solche Aufgaben wie das Einlegen und Entnehmen von Werkstücken, das Transportieren von Teilen, das Handhaben von Schrauben, das Führen von Spritzpistolen u. a. m. Bei solchen Tätigkeiten ist der „Bediener" von Anlagen fest dem Rhythmus der Maschine untergeordnet, teilweise muß er seine Arbeit unter gesundheitsbeeinträchtigenden Bedingungen ausführen (wie beispielsweise beim Lackieren oder Strahlen), nicht selten auch mit erheblichen physischen Anstrengungen.

Der Einsatz von Robotern erlaubt es nun, den Werktätigen aus diesem Mensch-Maschine-System herauszulösen und damit seine Arbeits- und Lebensbedingungen entscheidend zu verbessern. Und weiter: Handlungen vom Typ der beschriebenen qualifikationsarmen „Restfunktionen" verlangen keine spezifische Ausbildung und stehen damit in grundsätzlichem Widerspruch zu unserer Bildungspolitik, die auf ein ständig wachsendes Niveau orientiert ist. Qualifizierte Facharbeiter als Einleger von Teilen bedeuten eine Vergeudung von Arbeitsvermögen. Derartige Unter-Forderungen werden grundsätzlich nicht den Möglichkeiten gerecht, den wissenschaftlich-technischen Fortschritt zu meistern und progressiven Arbeitsinhalt zu formen. Ähnlich wie bei der Nestfertigung nachgewiesen wurde, daß höhere geistige Anforderungen an die Werktätigen zu Leistungssteigerungen führen, trägt auch der Einsatz von Robotern entscheidend mit dazu bei, diesen Widerspruch zwischen Anforderung und Qualifikation aufzuheben.

Auf einen letzten Sachverhalt sei hingewiesen: Die hohe Produktivität und Effektivität der Robotertechnik. Es ist zu erwarten, daß ihr Einsatz „rund um die Uhr“ möglich ist, da beim Roboter keine physischen Leistungsgrenzen zu beachten sind. So kann die Arbeitsgeschwindigkeit nach physikalisch-technischen Gesetzmäßigkeiten bestimmt werden, sie arbeiten mit gleichbleibender Qualität u. ä. m. Wenn man davon ausgeht, daß gegenwärtig in der DDR noch immer viele Produktionsarbeiter manuell tätig sind, leuchtet sofort ein, daß der verstärkte Einsatz von Industrierobotern im Produktionsprozeß auf lange Sicht geplant und verwirklicht werden muß. Die Grundrichtung dieser Planungen sollte es sein, im Sinne höchster Produktivität den technischen Einrichtungen alle Operationen zu übertragen, die ihnen effektiv möglich sind. Dem Werktätigen eröffnet sich dadurch die Perspektive, Aufgaben in vielen anderen Bereichen zu übernehmen.

Ein entscheidender Auftrag für jeden Leiter besteht nun darin, hierfür die entsprechenden Qualifikationsprogramme vorzubereiten *und* zu vermitteln. Speziell bei der Umsetzung der Kollegen ist eine Reihe arbeitspsychologischer Sachverhalte unbedingt zu beachten. Wichtig ist es, jedem klarzumachen, daß mit der neuen Technik zwar alte Arbeitsplätze beseitigt, jedoch gleichwertige und bessere geschaffen werden. Die Kollektive dürfen bei der in großem Umfang einzuführenden Handhabetechnik nicht zu Betroffenen werden, sondern sie sollen Mitgestalter der neuen Arbeits- und Lebensbedingungen, insbesondere Mitgestalter ihrer Arbeitsinhalte sein. Dies muß von jedem Beteiligten bewußt erlebt werden. Damit sind hohe Anforderungen an die entsprechenden Leitungsgremien gestellt – sowohl in arbeitsorganisatorischer als auch ideologischer Sicht. Nicht der „Roboter an sich“ schafft den erwünschten Leistungszuwachs, sondern seine bis ins Detail bilanzierte Nutzung, sein volkswirtschaftlich begründeter Einsatz. Weiterhin zu beachten ist, daß die Industrieroboter nicht immer in automatischen Fertigungslinien die unterschied-

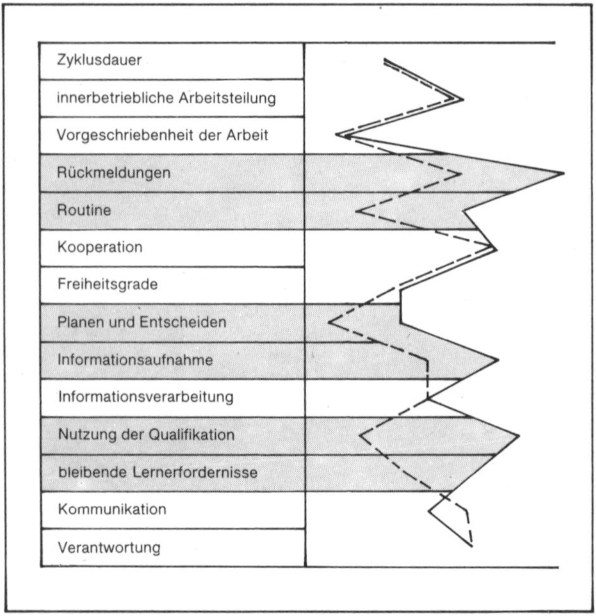

Reduzierte Darstellung von Tätigkeitsanalysen bei Roboterarbeitsplätzen ohne und mit psychologischer Korrektur. Die dunklen Flächen veranschaulichen die Verbesserung im Arbeitsinhalt. Die Messung der Daten erfolgte mit dem in der DDR entwickelten Tätigkeitsbewertungssystem.

lichsten Werkzeugmaschinen bedienen, sondern auch Operationen in Abteilungen auszuführen haben, in denen Menschen tätig sind. Die „menschenleere Fabrik" arbeitet in größerem Maßstab vorläufig nur im Lande Utopia. Das heißt, der Roboter wird tatsächlich zum „Maschinenhelfer", der zwar schwere, eintönige und gesundheitsbeeinträchtigende Arbeit programmgemäß ausführt, mit dem die Werktätigen aber zusammenwirken. Hierauf alle entsprechend einzustellen ist ebenfalls eine nicht zu unterschätzende Aufgabe beim Einsatz der neuen Technik.

Veränderte Anforderungen durch Roboter von heute und morgen

Praxisbezogene Untersuchungen zur Einsatzvorbereitung von Industrierobotern zeigen Reserven für die Tätigkeitsgestaltung (s. Abb. S. 102):

Die Aufgabenvielfalt kann vergrößert werden.
Die volle Ausschöpfung des Handlungsspielraumes wurde nicht immer erreicht.
Die technisch-technologische Determination des Arbeitsprozesses muß reduziert werden.
Mehr Aufmerksamkeit ist der Kommunikation und Kooperation zu schenken.

Auch andere Analysen der Funktionsverteilung bestätigen, daß sich ein starkes Trennen zwischen Produktionsvorbereitung, -durchführung und -sicherung negativ auf die Arbeitsinhalte auswirkt. Um dem entgegenzuwirken, müssen neue Formen der Aufgabenverteilung und -kombination entwickelt werden. Das heißt, gegenüber dem herkömmlichen Verständnis von produktionsvorbereitenden und produktionsdurchführenden Aufgaben sind in der Entwicklungsphase Technologien und Lösungen zu projektieren, die Anteile beider Aufgabenbereiche vereinen.

Das verbesserte Gestaltungsniveau für einen konkreten Fall nach psychologischen Maßgaben wurde bereits dargestellt (s. Abb. S. 102). Qualitätskontrolle und Fehlerkorrektur wurden den im Produktionsprozeß Tätigen übertragen. Der ökonomische Nutzen – ermittelt an Hand der Einsparung lebendiger Arbeit – wurde nachgewiesen. Für die *Forschung* auf diesem Gebiet zeichnet sich für die Zukunft eine enge und interdisziplinäre Zusammenarbeit ab, die umschrieben werden kann mit Nutzung von Erkenntnissen über die Wahrnehmung und das menschliche Gedächtnis für die Technik, so daß „fühlende" und „denkende" Roboter bald nicht mehr in den Labors von Universitäten und Technischen Hochschulen stehen werden, sondern im Produktionseinsatz weitere Fortschritte in den Arbeits- und Lebensbedingungen ermöglichen.

Die Aufmerksamkeit der Psychologie gilt vor allem den sog. intelligenten Robotern. Diese sollen Objekte, z. B. Werkstücke, identifizieren können, auch wenn Teile dieser Objekte durch darüber liegende andere Werkstücke verdeckt sind. Dies setzt die Lösung des Problems der räumlichen Erkennung und der Identifizierung von Konturen voraus. Der „Griff in die Kiste", der dem Menschen so leicht gelingt, um ein Werkstück herauszunehmen und abzulegen, ist nur automatisierbar, wenn diese u. a. Fragen der Bildverarbeitung gelöst sind. Aber damit nicht genug! Roboter höherer Generationen sollten die natürliche Sprache verstehen und auch Teilziele aus Zielen ableiten können, um eine Aufgabe soweit zu untersetzen, daß Handlungspläne entstehen. Diese Aspekte – Bildverarbeitung, automatische Planungsprozesse, Wissensrepräsentation und Verarbeitung der natürlichen Sprache – sind es vor allem, die auch psychologische Beiträge zur künstlichen Intelligenz erwarten lassen und Aufgaben der Grundlagenforschung in der kognitiven Psychologie im Zusammenhang mit der Entwicklung künftiger Robotergenerationen bringen. Der Grund für diese Prognose ist einfach: Das Niveau der Informationsverarbeitung eines Industrieroboters ist abhängig vom *Wissen*, das in ihm über seine Umwelt und über die auszuführende Aufgabe gespeichert ist.

Wir gehen davon aus, daß der Mensch mit seiner Gedächtniskapazität riesige Informationsmengen beherrscht und aufgabenbezogen verhaltenswirksam macht. Dies genauer zu erfassen, sozusagen das natürliche Vorbild „aktives Gedächtnis" bez. seiner Informationsverarbeitungs- und -speichertechniken zu untersuchen, auch im Modell nachzubilden, ist Ziel der Grundlagenforschung in der kognitiven Psychologie und eröffnet die genannten Möglichkeiten der Zusammenarbeit mit solchen Disziplinen wie Mathematik, Rechentechnik oder Linguistik. Die Abb. (s. S. 105) zeigt den Aufbau ei-

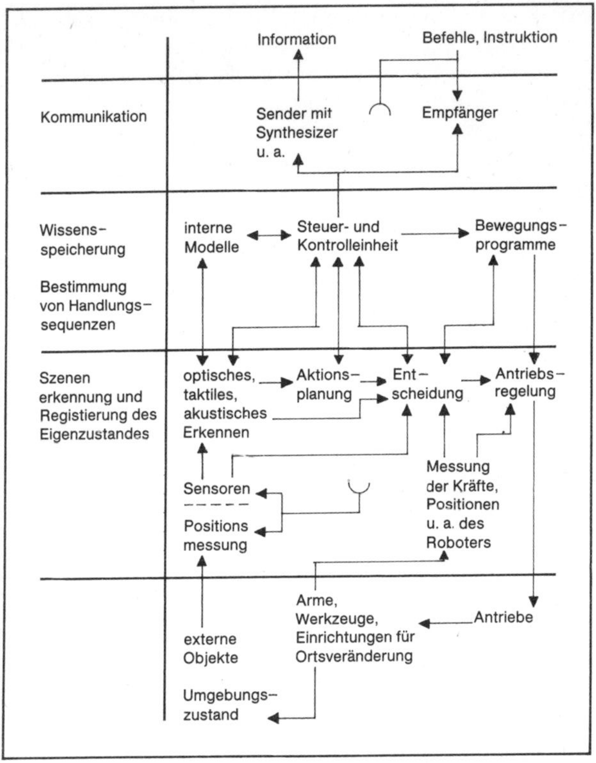

Grob-schematischer Aufbau eines Industrieroboters. Linke Spalte: erwartete Einzugsbereiche psychologischer Grundlagenforschung.

nes Industrieroboters mit Betonung der Zugänge für die psychologische Forschung. Wenn man diese Sachverhalte der menschlichen Informationsverarbeitung näher untersucht, so geht der Psychologe natürlich davon aus, daß es sich hierbei nicht um autonome Teilsysteme handeln kann. Sehen, Sprachverstehen und Planen sind ohne eine entsprechende Wissensbasis nicht denkbar. Unser Wissen wiederum erwerben wir aus visueller und sprachlicher Information unter Einsatz von Denkprozessen und praktisch-gegenständlicher Tätigkeit, die zugleich der ontogenetische und phylogenetische Ursprung des Psychischen ist. Visuelle Wahrnehmung und Sprachverstehen sind ihrerseits nicht passive psychische Prozesse, sondern schließen in vielen Fällen Denkleistungen ein. So sind die Leistungseigenschaften des Menschen dadurch bestimmt, daß verschiedene kognitive, motorische und bewertende Komponenten zusammenwirken.

Freilich kann die psychologische Erforschung der Erkenntnisprozesse des Menschen nicht immer vom Ganzen ausgehen, sondern muß vernünftige Analyseeinheiten als Teilsysteme ausgliedern. Diese Einheiten sind so zu wählen, daß sie wesentliche Eigenschaften des Ganzen besitzen.

Die Integration der Industrierobotertechnik in die moderne Fertigung schafft also für die Psychologie neue Aufgabenstellungen. Die Entwicklung von Industrierobotern und ihr Einsatz in der Volkswirtschaft führen zu einem Verschmelzen psychologischer und ingenieurwissenschaftlicher Tätigkeit. Es wurde exemplarisch gezeigt, daß effektive Beiträge psychologischer Forschung primär bei Industrierobotern der 2. bzw. 3. Generation erbracht werden können. Hierfür sind einerseits gesicherte Kenntnisse aus dem Bereich des Problemlösens, der Klassifizierung und der Wissensrepräsentation vorhanden. Andererseits gibt es eine Fülle von Problemen – einige wurden skizziert –, deren Untersuchung sowohl für die Psychologie als auch für die Industrieroboterentwicklung nützlich wäre. Wegen der Anforderungsabhängigkeit vieler menschlicher Informationsspeicherungs- und -verarbeitungsprozesse sollte bei der Untersuchung dieser Probleme der erwähnte interdisziplinäre Zugang genutzt werden.

Auch beim Einsatz der Industrierobotertechnik wirft das Herauslösen des Menschen aus der unmittelbaren Fertigung eine Reihe neuer arbeits- und ingenieurpsychologischer Probleme auf.

Auf Grund der skizzierten Entwicklung werden die Tätigkeitskomponenten im Bereich der peripheren Prozesse zunehmen und alle mit dem Produktionshauptprozeß direkt und indirekt verknüpften Arbeitsbereiche verschmelzen.

Für die Aufgabenkombination und -verteilung, Arbeitsorganisation und Kooperation sind somit gegenüber den herkömmlichen Unterscheidungen von mehr „ingenieurmäßigen" und „herstellenden" Tätigkeiten Lösungen erforderlich, die beide Aufgabenbereiche vereinen. Die perspektivisch wichtigste Problemstellung hierbei ist die Tätigkeitsprojektierung. Sie muß dazu beitragen, Gestaltungsvarianten für Mensch-Maschine-Systeme zu entwickeln, die wissenschaftlich-technische Lösungen mit persönlichkeitsfördernder Arbeitstätigkeit so verbinden, daß die Unterschiede zwischen geistiger und körperlicher Arbeit immer geringer werden.

Mensch und Computer im Dialog

Auf die Sprache kommt es an

Nachdem diese Thematik immer häufiger in der Tagespresse zu finden ist, wollte ich genaueres erfahren und vergewisserte mich im neuesten „Meyers-Lexikon". Dort stand unter dem Stichwort „Dialog": „Zwiegespräch, Wechselrede zwischen zwei und mehr Personen ... literarisches Gestaltungsmittel, literarische Form ..." Kein Wort von Computer, einem Rechner oder einer Maschine! In anderen Nachschlagewerken tauchte das Stichwort „Dialog" bzw. „Mensch-Rechner-Dialog" gar nicht auf. Allerdings, im Zusammenhang mit dem Stichwort „Programmiersprache" gab es im „Wörterbuch der Kybernetik" deutliche Hinweise auf den aufregenden Sachverhalt, daß Mensch und Computer sich „verstehen" können: „... um eine Kommunikation zwischen Mensch und Rechner zu ermöglichen, muß der Mensch der Maschine seine Problemstellung so mitteilen, daß sie in der Lage ist, diese zu ‚verstehen'."

Der durchgängige Rechnereinsatz von der Konstruktion bis zum Fertigprodukt setzt auch die Lösung vieler psychologischer Probleme bei der Optimierung der CAD-CAM-Systeme voraus.

Offensichtlich haben wir es beim Mensch-Computer-Dialog mit einem Vorgang zu tun, der in gewisser Weise das Gegenteil zur Robotertechnik darstellt: Während die Handhabetechnik darauf zielt, den Menschen aus dem Maschine-Bedien-Verhältnis auszuschließen, deutet bereits die Bezeichnung Mensch-Computer-Dialog auf eine ausdrückliche Integration technischer Hilfsmittel in den Arbeitsprozeß hin (s. Abb. S. 108). Dazu müßte jedoch geklärt werden, inwieweit sich der Mensch tatsächlich mit der Maschine verständigen, ob also der Computer „Sprache" verstehen kann.

Um diese Frage zu beantworten, wird davon ausgegangen, daß die Sprache ganz allgemein als ein Zeichensystem aufzufassen ist, das von einem Sender und einem Empfänger gleichermaßen verstanden und benutzt wird, also dem Austausch von Mitteilungen dient. Auf diesen Zeichencharakter der Sprache weisen übrigens solche umgangssprachlichen Benennungen wie „Tiersprache“ oder „Blumensprache“ hin. Soll dies nicht bedeuten, daß man durch Zeichen etwas sagen will?

Üblicherweise wird als Sender bzw. Empfänger für die Zeichen immer der Mensch betrachtet, sei es als Hörer von Worten anderer in der Tätigkeit oder seiner eigenen Worte, als Hörer eines Vortrages, auch als Hörer im Kollektiv oder gar als „sendendes“ Kollektiv, wie es z. B. ein Chor ist. Neben dem Gebrauch von diesem, aus den Bedürfnissen der Produktionstätigkeit in einem Jahrmillionen währenden Evolutionsprozeß hervorgebrachten natürlichen Zeichensystem führten die Erfordernisse der Programmierung von Datenverarbeitungsanlagen zum Entstehen sog. künstlicher Sprachen. Bereits die ersten umfassenden Untersuchungen zu elektronischen Rechenanlagen in den 40er Jahren erhielten Ansätze für künstliche Sprachsysteme, um Anweisungen, Befehle usw. zur maschinellen Lösung einer Aufgabe formulieren zu können. Die weitere Entwicklung der Computertechnik forderte Logik und Mathematik heraus, und es wurden Zeichensysteme entwickelt, die mit wesentlichen Anleihen bei den natürlichen Sprachen die Kommunikation zwischen Mensch und einer elektronischen Datenverarbeitungsanlage ermöglichten.

Mit anderen Worten: Sachverhalte, die im Bereich der Sprache des Menschen untersucht wurden, bilden die Grundlage für die Entwicklung von Sprachen im technischen Bereich. So besteht die künstliche Sprache aus einer festen Menge von Grundzeichen, dem Alphabet (z. B. Buchstaben, Symbole) und Regeln, die angeben, wie die Grundzeichen verknüpft werden dürfen (die sog. Syntax). Außerdem ist festzulegen, welche Bedeutung die entwickelten Zeichenfolgen für den „Empfänger“ haben sollen. Man bezeichnet das als Semantik. Praktisch ist es damit möglich geworden, Probleme, Fragen, Aufgaben u. a. in einer künstlichen Sprache zu formulieren, die jetzt nur noch über technische Geräte (z. B. Bildschirm bzw. Terminal) dem Computer übermittelt werden müssen. Hieraus ergibt sich, daß es sinnvoll ist, von „Mensch-Computer-Dialog“ zu sprechen. Mittels festgelegter Zeichenfolgen kann ein Bearbeiter Informationen in eine technische Anlage eingeben, die nach festen Regeln durch die Maschine verarbeitet und als Zeichenfolge wieder ausgegeben werden. Man nennt diese Menge von Befehlen und Regeln, deren Abfolge und Verknüpfung den Computer für die Problemlösung steuert, Programmiersprache. Da vorher die Bedeutung der Zeichen und ihre Verknüpfung festgelegt wurde, kann die von der Maschine ausgegebene Information auch vom Menschen „verstanden“ werden.

Um die Kommunikation mit einer technischen Einrichtung möglichst einfach abwickeln zu können, haben sich neben den Programmiersprachen weitere künstliche Sprachen entwickelt. So gibt es spezielle „Kommandosprachen“ und „Abfragesprachen“, um beispielsweise ein Datenverarbeitungssystem effektiv bei der Lösung von Arbeitsaufgaben zu nutzen. Ja selbst die Gestik (Zeigen auf Objekte) hat schon in die Zeichengebung für den Computer Eingang gefunden. Schließlich sei am Rande vermerkt, daß für die Informationseingabe bereits Geräte entwickelt wurden, die Wörter der gesprochenen Sprache direkt in Maschinenbefehle umwandeln und auch die Ergebnisse maschinell verarbeiteter Information in Form von Sprachlauten ausgeben.

Zum tieferen Verständnis des „Mensch-Computer-Dialogs“ ist es unerläßlich, die Bemerkung zum Themenkreis der künstlichen Sprache etwas zu erweitern.

Es wurde festgestellt, daß Probleme in der künstlichen wie in der verbalen Sprache des Menschen formuliert werden können. Als Voraussetzung hierfür ist es allerdings notwendig, die Information für die Problembearbeitung zu formalisieren, d. h. als Folge von Anweisungen, Regeln und Zeichen darzustellen, als „Algorithmus“ bzw. „Programm“ zu schreiben. Die Untersuchung der

Frage, welche Informationen formalisierbar sind, ist für die Verwirklichung des Mensch-Computer-Dialogs und damit für den Einsatz entsprechender technischer Anlagen von entscheidender Bedeutung. Wie wir sahen, können Informationen unter verschiedenen Gesichtspunkten analysiert werden. Genannt wurden der semantische und syntaktische Aspekt. Beide werden vom Menschen bei der Bearbeitung eines Problems gleichermaßen verwendet. Die „maschinelle Semantik" wird dadurch definiert, inwieweit die syntaktische Zeichenfolge Zustandsänderungen in der Datenverarbeitungsanlage hervorruft. Damit sind die heutigen und erst recht zukünftigen Datenverarbeitungsanlagen – Computer – prinzipiell in der Lage, auch semantische Information zu verarbeiten. Insofern verschiedene hierarchische Ebenen existieren, können syntaktisch unterschiedliche Zeichenfolgen durch Vergleich mit eingespeicherten Zeichenfolgen spezielle Zuordnungen erfahren und so in ihrer „Bedeutung" von der Maschine weiterverarbeitet werden.

Die „Expertensysteme" (s. S. 116ff.) oder die „Frage-Antwort-Systeme" sind bereits funktionierende Beispiele dafür, daß auf diese Art semantische Information unabhängig von der syntaktischen Struktur der Eingangsinformation verarbeitet werden kann. Damit erweist sich der Unterschied zwischen der Mensch-Computer-Kommunikation und der Mensch-Mensch-Kommunikation in bezug auf den Informationsaustausch als relativ. Weil viele Prinzipien der menschlichen Informationsverarbeitung auf semantischem Niveau noch unbekannt sind, ist es nur partiell möglich, sie maschinell nachzubilden. Beispielsweise ist es noch nicht gelungen, eine Maschine zu konstruieren, die bei jedem Witz an der richtigen Stelle lacht, wenngleich die Bemühungen, derartige Programme zu entwickeln, beachtlich fortgeschritten sind. Mit weiterer Aufklärung von Gesetzmäßigkeiten der organismischen Informationsverarbeitung werden sich die Unterschiede ständig reduzieren. Ob es jedoch möglich sein wird, für praktische Bedürfnisse eine allgemeingültige Sprache zu verwirklichen, die also weder fachspezifisch ist noch von der Leistungsfähigkeit des Computers abhängt, ist noch ungeklärt. Den Vorteilen solcher universellen Sprache stünden vor allem der große Aufwand für die Ausbildung der Anwender und das Umsetzen des Programms in die Maschinenbefehle mittels des sog. Compilers entgegen.

Ein wichtiger psychologischer Aspekt bei der Entwicklung von Programmen liegt in der Verschiedenartigkeit und damit Effektivität der Lösungen, die für Problembeschreibungen entwickelt werden können. Diese „Verschiedenartigkeit" hängt sowohl von der Qualifikation des Programmierers als auch von seinen ganz spezifischen, individuellen Dispositionen ab, aber auch von der fachspezifischen Sichtweise: Um einen Technologen in die Arbeit mit dem Computer einzuführen, wird der Mathematiker andere Lösungsbeschreibungen und Vorgehensweisen als der Berufsschullehrer wählen. Es kommt daher in der Zukunft darauf an, psychologische Prinzipien zu beachten, um die Potenzen der Computertechnik voll ausschöpfen zu können.

Zauberlehrling oder Meister?

Während der Tätigkeit am Computer wird Information nach qualitativ unterschiedlichen Gesetzmäßigkeiten verarbeitet. Der Mensch verknüpft die an ihn herangetragene Information nach den Regeln der höheren Nerventätigkeit, also nach organismusspezifischen und gesellschaftlichen Prinzipien. Die Maschine dagegen verarbeitet formalisierte Informationen nach streng physikalischen Gesetzen. Allerdings sollte das den Techniker und Computerfachmann nicht hindern, Anregungen für neue technische Entwicklungen „aus der Natur", den Analysen der Sprachwissenschaftler und Psychologen, der Mathematiker oder Mediziner entgegenzunehmen. Die vielen Forschungsgruppen, die sich mit der „künstlichen Intelligenz" beschäftigen, belegen überzeugend die hohe gesellschaftliche Notwendigkeit, Erkenntnisse auf diesem Gebiet zu sammeln und in die Praxis zu überführen. Die Arbeitsweise der Informatik und Bionik zeigt bereits heute die Fruchtbarkeit dieses „Abgukkens". So führen Wissenschaft und Technik in Form der neuen Informationstechnologien zu einer verstärkten, problemorientierten Integration unterschiedlicher Wissenschaftszweige. Die Simulation von Denkprozessen ist sicher mit eine Voraussetzung, um Teilleistungen menschlicher Informationsverarbeitung automatisieren zu können. Das setzt die erwähnte Zusammenarbeit von Mathematikern, Psychologen, Rechentechnikern u. a. voraus. Diese interdisziplinäre Arbeit am Thema „Intelligenz" wird vermutlich eine der wichtigsten Forschungsgegenstände am Ende unseres Jahrtausends sein.

Allerdings sind dabei angesichts der hohen Leistungsfähigkeit der Computertechnik auch Spekulationen und Manipulationen Tür und Tor geöffnet. Ein Beispiel dafür sind die immer wieder vorzufindenden Vergleiche von Gehirnleistungen mit Programmen elektronischer Rechenmaschinen. Ähnlich wie im 18./19. Jahrhundert der Mensch oft als „Maschine" interpretiert und technisch-physikalische Wirkungsmechanismen zur Erklärung seiner Verhaltensweisen herangezogen wurden, gab es Anfang der 50er Jahre und später angesichts der Rechentechnikentwicklung Ansätze, Leistungen des Menschen mit denen des Rechners zu vergleichen. Und ist es nicht zwingend, wenn Computer komplexe Probleme lösen, optimale Wege im Labyrinth finden oder Schach spielen können, ihnen beispielsweise Intelligenz zuzuschreiben? Sicherlich nicht, soweit mit diesem Begriff zunächst solche Leistungen der organismischen Informationsverarbeitung erfaßt werden, die bereits als Klassifikations-, Lern-, Vergleichs- oder Zuordnungsprozesse erläutert wurden. Unbestritten ist, daß ein Computer entsprechende Teilleistungen auch schneller, genauer und zuverlässiger als der Mensch vollbringt. Aber natürlich kann er nicht „denken" – genausowenig wie „fühlen", „handeln" oder „wollen". Jedoch kann er Strukturen nachbilden, deren Informationsgehalt durch Verknüpfung neue Informationen liefern kann. Solche Leistungen sind aber nur über Programme möglich. Sie schreibt der Mensch – wie er auch die Strukturen für den Rechner vorgibt. Unter Bezugnahme auf diese Tatsachen orientieren verschiedene Psychologen bereits darauf, deutlicher die Unterschiede zwischen Mensch und Computer herauszuarbeiten, als über ihre Gemeinsamkeiten nachzudenken. Von einer solchen Position aus lassen sich die spezifisch organismischen, d. h. zentralnervösen, Gesetzmäßigkeiten der Informationsverarbeitung qualitativ klar ausgliedern. Diese sehr interessante und für die Zukunft bedeutsame Problematik kann hier nicht weiter erörtert werden, lediglich eine Bemerkung über die Auswirkungen des Computereinsatzes auf die Ideologie soll das Gesagte abrunden.

In der bürgerlichen Ideologie spielen die neuen Informationstechnologien eine große Rolle und gipfeln in der Aussage, daß das Informationszeitalter „hereingebrochen" sei. Dies führe zu neuen Dimensionen in der „Arbeitswelt" wie auch in der gesamten Lebensqualität. Die Abwertung der Arbeit als „Job", bis hin zu der inhumanen Aussage, daß Leben auch ohne Arbeit sinnvoll sei, sind Versuche, mit den Folgen der modernen Technik in der bürgerlichen Gesellschaft fertig zu werden. Es gibt aber auch eindrucksvolle Publikationen progressiver Wissenschaftler, die die negativen Folgen real darstellen: Vereinsamung am Bildschirm, die Reduktion der Sprache, die Herausbildung neuer „Zwänge", Formen der Computerkriminalität, der Verlust an Kommunikation in der Freizeit u. a. realisierte Orwellsche Gedanken führen zu Appellen für den sinnvollen Einsatz der Technik. Und an diesem Punkt sollte die Diskussion von Folgen der Informationstechnologien in der geistig-ideologischen Auseinandersetzung einen wichtigen Platz einnehmen. Denn es gehört zur bürgerlichen Ideologie, den in den sozialistischen Ländern entstehenden Bildschirmarbeitsplätzen die gleichen psychologischen und sozialen Folgen zuzuschreiben wie den eigenen. Auf der anderen Seite wird unwissenschaftliches Herangehen die gefährliche Auffassung unterstützen, daß allein dadurch, daß rechnergestützte Arbeitsplätze in sozialistischen Ländern stehen, all diese Probleme gelöst sind. Mit Sicherheit jedoch kann davon ausgegangen werden, daß alle Widersprüche und Probleme beim Bewältigen des wissenschaftlich-technischen Fortschritts, so komplex und kompliziert sie auch auftreten, beherrschbar sind. Dazu werden gemeinsam mit den Werktätigen die fachwissenschaftlichen Ergebnisse schrittweise in konkrete arbeitsgestalterische Maßnahmen umgesetzt.

Die modernen elektronischen Mittel haben die Erkenntnis- und Leistungsfähigkeit des Menschen ungeheuer erweitert. Sie werden von manchen Wissenschaftlern hinsichtlich ihrer Auswirkungen mit der Erfindung des Buchdruckes verglichen. Die Mikroelektronik bildet eine wesentliche Grundlage des sozialen Fortschritts. Sie ist eine Schlüsseltechnologie. Ihr Einsatz muß in jedem Fall sehr bewußt geführt werden, um unerwünschten Folgen zu begegnen. Man kann erst dann von humanem technischen Fortschritt sprechen, wenn die Computer nach dem Willen des Menschen einer weiteren individuellen und gesellschaftlichen Entwicklung nutzbringend sind. Weder eine technikfeindliche Haltung noch ein bedingungsloser Technikglaube zeigen hierfür einen Weg. Allein die sozialökonomischen Verhältnisse – und nicht die Technik – bestimmen ihre sozialen Erscheinungen und Auswirkungen. Also entscheidet der Mensch selbst darüber, ob er sich ohnmächtig einer „Zauberlehrlingssituation“ ausliefert oder „Meister“ und Herrscher über die „Geister“ der Mikroelektronik wird.

Computer überall

Der Einsatz dieser Technik in Produktion und Verwaltung schreitet schnell voran, vornehmlich für Arbeitsplätze in der Verwaltung und in hochautomatisierten Anlagen. Ebenso ist im Entwurfs- oder Konstruktionsbüro und im Labor ihre Nutzung leistungsbestimmend. Die Konsequenzen bei der Anwendung der modernen Technik sind außerordentlich weitreichend, auch in der Volkswirtschaft. Vor allem ist ein Wandel im Anforderungsgefüge zu erwarten. Denn das Neue, was mit dem Einsatz dieser Geräte erreicht werden kann, besteht darin, daß der Werktätige von geistigen Routineaufgaben befreit bzw. entlastet wird. Dem Rechner können im Prinzip also alle Aufgaben, für die ein Lösungsweg formuliert wurde, übergeben werden. Dies kann von einer streng determinierten Abarbeitungsfolge, wie sie für ein Sparkassenterminal typisch ist, über „gemischte Aufgaben", die am Büroarbeitsplatz im Dialog zu bearbeiten sind, bis hin zur Entwurfsarbeit reichen.

Von besonderer ökonomischer Bedeutung sind vor allem die schon erwähnten Expertensysteme. Expertensysteme, das sind Systeme, die das Wissen von Fachleuten („Experten") einschließlich der Vorschriften zur Verknüpfung dieses Wissens gespeichert haben, um den Werktätigen bei der Entscheidungsfindung zu unterstützen. Sie dienen vor allem zur Entscheidungsvorbereitung bei komplexen Problemen und helfen damit, günstige Varianten für entsprechende Lösungen im voraus zu finden. Psychologisch interessant ist dabei die Frage, wodurch sich das Expertenwissen, das zu ermitteln und in den Rechner einzugeben ist, vom Wissen anderer unterscheidet. Offensichtlich ist es die Art und Weise des Aufbewahrens im Gedächtnis sowie das Schlußfolgern. Heuristische Techniken, Teilzielbildungen u. a. Vorgehensweisen wurden von der Psychologie untersucht und stellen wirkungsvolle Strategien der Informationsverarbeitung des Menschen dar. Ihr Gebrauch im Rahmen der Informatik enthält jene Ansatzstellen, durch die die Psychologie zu oben genannten Einsatzfeldern der Computertechnik wirksame Rationalisierungsbeiträge leisten kann. Diese beziehen sich auf das Entwickeln von solchen Methoden, die geeignet sind, das Wissen von Experten zu erfassen, können aber auch in der Mitarbeit an Speicherprinzipien für die Organisation der Wissensbasis im Rechner bestehen usw. Erste Untersuchungsergebnisse, die aus technischer Sicht mit dem Beratungssystem MAX-STAHL gewonnen wurden, zei-

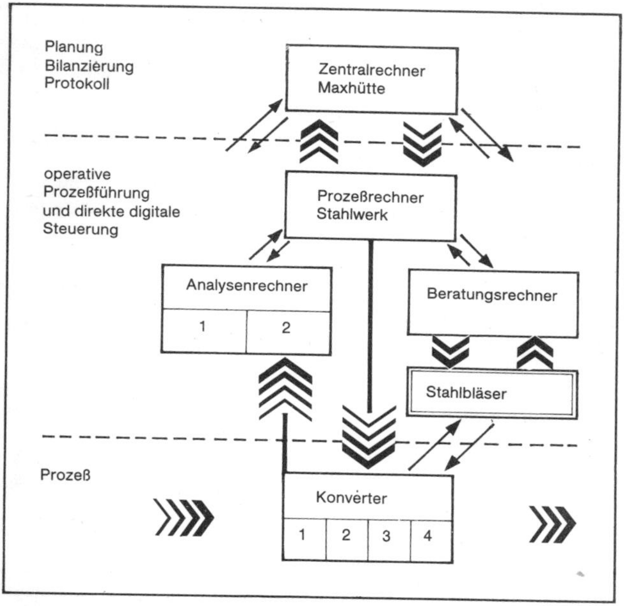

Struktur eines Beratungssystems zur Steuerung der Qualitätsparameter metallurgischer Produkte – im Bild ist das System „Fertigblasen" als Teilsystem des Gesamtsystems MAX STAHL dargestellt (n. Wernstedt, WiFo 4. 1986, S. 92).

gen deutlich, daß mit Hilfe des Expertensystems die Entscheidungen für spezielle Handlungen verbessert wurden und auch die Stellung des Menschen im Produktionsprozeß sich veränderte. Die Abb. (s. S. 117) zeigt die Struktur eines speziellen Teilprozesses, für den ein Technikerkollektiv das Beratungssystem entwickelte.

Weitere Rationalisierungsbeiträge – es wird von Produktivitätssteigerungen von über 1000% berichtet – liefert der Einsatz der Mikroelektronik für die computergestützte Konstruktion bei den sog. CAD-Systemen (CAD – Computer Aided Design). Hier arbeitet ein Konstrukteur im Dialog mit dem Rechner. Die Resultate der Informationsverarbeitung werden auf dem Bildschirm angezeigt (s. Abb. S. 92/93). Mit Hilfe eines Plotters (Zeichenmaschine) wird dann die gewünschte Zeichnung angefertigt (s. dazu auch Abb. S. 95).

Eng mit diesen neuen Arbeitsmöglichkeiten verbunden ist auch das Entwickeln und Planen von Produktionsabläufen mit Hilfe der Rechentechnik. Diese Systeme zur Rationalisierung der Fertigungsprozesse heißen CAM-Systeme (CAM – Computer Aided Manufacturing).

Darüber hinaus gibt es Versuche mit Hilfe des Computers, Stufen des Entwicklungs- und Fertigungsprozesses unmittelbar zu verbinden. Damit wären die Rationalisierungsmöglichkeiten vom Einzelprozeß auf den Gesamtprozeß erweiterbar, jedoch sind diese CAE-Systeme (Computer Aided Engineering) nur in ersten Ansätzen vorbereitet. Diese neuen CA-Techniken, insbesondere die rechnergestützte Produktion und Produktionsvorbereitung, werden die zukünftige Arbeitstätigkeit entscheidend beeinflussen – und diese Zukunft hat schon begonnen und bestimmt auch die Perspektive der Psychologie! Ausgangspunkt jeglicher psychologischer Analysen und Bewertungen hierzu ist, ein rechnergestütztes System immer in Verbindung mit seinem Nutzer zu sehen. Denn auch beim Umgang mit den modernen Informationstechnologien bleibt der Mensch die entscheidende Produktivkraft, selbst wenn man es bei einer CAD- oder CAM-Station mit „interaktiver Arbeitstätigkeit" zu tun hat. Mehrere psychologische Grundprobleme bei diesem neuen Tätigkeitstyp stehen dabei im Zentrum der Aufmerksamkeit: Eine effektive, d. h. z. B. zuverlässige und rasche Beherrschung der technischen Hard- und Software-Komponenten soll dadurch mit erreicht werden, daß man sie unter Berücksichtigung von Grundprinzipien der menschlichen Informationsverarbeitung „auslegt", dimensioniert. Die Dialog- oder Maskengestaltung ordnet sich hier ebenso ein wie die Beantwortung von Fragen zur günstigsten Informationsspeicherung im Rechnersystem. Ein Beispiel psychologischer Arbeiten für die Kommandobemessung ist im nachfolgenden Abschnitt aufgeführt.

Auf Grund der bevorstehenden umfassenden Einführung von Rechnern in die Volkswirtschaft erweist es sich als unabdingbar, die Werktätigen für ihre neue Arbeitstätigkeit so vorzubereiten, daß ihnen der Umgang mit dem Rechner schnell und wirksam möglich ist. Die Ableitung psychologischer Prinzipien für die Gestaltung von „Nutzerschulungen" und die Entwicklung optimumnaher Aneignungsvarianten sind wirksame Beiträge zur Unterstützung bei der Vorbereitung und Einführung neuer Technik, ihre Effektivität wurde bereits eindrucksvoll nachgewiesen.

Neben der umfassenden Anwendung psychologischer Erkenntnisse hierzu wird möglicherweise eine gleichfalls sehr interessante Entwicklungslinie des rechnergestützten Lernens dazu führen, die Leistungspotenzen eines Computers auch auszunutzen, um ihn als Lehrmittel im Arbeitsprozeß direkt zu verwenden (sog. Tutor-System).

Es gilt als erwiesen, daß die Bearbeitung dieser und weiterer Themenkreise – z. B. wurde bei der Robotertechnik auf die „Künstliche Intelligenz" verwiesen – eine entscheidende Möglichkeit darstellt, die Potenzen der Psychologie effektiv in die Aufgabenstellung unserer Volkswirtschaft zu integrieren. Und wenn es auch im Rahmen dieser Broschüre nicht möglich ist, aktuelle praktische Lösungen psychologischer Untersuchungen, beispielsweise zur CAD-CAM-Technologie, zu verallgemeinern, so können doch die Hauptrichtungen psychologischer Arbeit zum Thema „Computer überall" im industriellen Bereich und konzentriert auf die Mensch-Maschine-Kommunikation, umrissen werden (s. S. 120ff.). Dennoch soll wenigstens erwähnt werden, daß auch andere Tätigkeiten zunehmend durch Computer und Bildschirm beeinflußt werden. Vor allem in der Verwaltung, der Medizin (Diagnosefindung), im Schulbetrieb und auch im Bereich der Dienstleistungen eröffnet das Anwenden dieser neuen Arbeitsmittel ungeahnte Möglichkeiten; ja wir begegnen ihnen schon täglich. So ist der

Dialog mit dem Rechner über den Bildschirm am Fahrkartenschalter, in der Bank, in der Bibliothek, selbst beim Einkauf schon so alltäglich, daß uns die neue Qualität dieses Informationsaustausches kaum noch bewußt wird. Schätzungen besagen, daß um 1990 etwa die Hälfte der Werktätigen wenigstens Elementarkenntnisse für die Anwendung von Rechentechnik am Arbeitsplatz haben muß. Die Vermittlung dieses Wissens und der Gebrauch von Computern im Bildungsbereich werden daher in den nächsten Jahren spürbar steigen.

Psychologische Beiträge zur Vorbereitung und zum Einsatz dieser Technik sollen nachfolgend, wie erwähnt, exemplarisch vorgestellt werden. Der Schwerpunkt liegt dabei auf einer Systematik bereits bewährter, praktischer Aufgabenfelder der Psychologie, während die oben angedeuteten Gebiete der Grundlagenforschung nur anklingen können.

Bildschirm und Computer in Produktion und Produktionsvorbereitung

Bei dieser Technik haben sich alle, vom Ingenieur, der die Anlage schafft, bis hin zum Werktätigen, der die moderne Technik unmittelbar nutzt, mit zwei Problemkomplexen auseinanderzusetzen:

Die neue Technik muß progressive Arbeitsinhalte schaffen, also persönlichkeitsbildende Faktoren enthalten.

Die Arbeitsmittel sind mit ihren Parametern und Leistungseigenschaften weitgehend den Fähigkeiten und Fertigkeiten des Nutzers anzupassen, um höchste Effektivität und Produktivität zu erreichen, sie sind „nutzerfreundlich" auszulegen.

Beide Komplexe, die als Einheit zu bearbeiten sind, werfen umfangreiche Einzelfragen auf, die von Arbeitswissenschaftlern, Psychologen, Medizinern u. a. Fachleuten interdisziplinär gelöst werden. Dabei sind einige Rahmenbedingungen zu beachten, die vorwiegend in der Einführungsphase der Bildschirmtechnik die Einstellung der Werktätigen zu diesem Rationalisierungsmittel mit formen.

Zum einen ist darauf hinzuweisen, daß der Einsatz der neuen Technik im Produktionsbetrieb nicht „bei Null“ beginnt, sondern daß diese häufig in bereits vorhandene Strukturen zu integrieren ist. Dabei wird sie von Werktätigen kontrolliert, die bereits unter anderen, technisch u. U. veralteten, Bedingungen und Organisationsformen ihre Erfahrungen gesammelt haben. Es ist also eine umfangreiche Vorbereitungs-, Ausbildungs- und Einführungsphase für alle Werktätigen, die mit der neuen Technik Umgang haben werden, notwendig. Dies muß gekoppelt sein mit einer technologischen und arbeitsorganisatorischen Rekonstruktion von Betriebsteilen oder Produktionsbereichen. Arbeitsorganisatorische Überlegungen im weitesten Sinne müssen also als Minimalforderungen gründlich bedacht werden. Erste Erfahrungen beim Einsatz von Bildschirmgeräten weisen nämlich auf die Tendenz hin, daß Arbeitsaufgaben weitgehend in Teilaufgaben zerlegt werden. Ließe man dies zu, könnte sich bei Bildschirmarbeiten die tayloristische Trennung von Planen und Ausführen ähnlich wie in der mechanisierten Produktion wiederholen, und es würden neben anspruchsvollen Tätigkeiten solche entstehen, die nur geringe Anforderungen an das Qualifikationsniveau stellen. Unlust oder Ermüdung sind vorauszusehen, und auch negative Auswirkungen im sozialen Bereich können folgen. Doch man bedenke: Nicht die Technik selber kann hieran Schuld sein, sondern die Ursache ist in ihrem falschen Einsatz zu suchen.

Und ein weiteres Problem muß bedacht werden: Ein effektiver Arbeitsplatz (im weitesten Sinne) sowie eine aufgabenbezogene Software (d. h. Programme, Sprache und Dokumentation) setzen das Lösen zahlreicher arbeitswissenschaftlicher und speziell psychologischer Probleme voraus, für die gegenwärtig nur erste Ergebnisse vorliegen. Allein aus methodologischen Gründen folgt also, daß jeder Arbeitsplatz mit Bildschirm arbeitswissenschaftliche Korrekturmöglichkeiten enthält, die jedoch erst wieder durch die Arbeit an diesen Plätzen gewonnen werden können. Daß die Wechselwirkung zwischen Forschung und Nutzung zu Beginn einer diesbezüglichen Tätigkeit dem Werktätigen klar ist, sollte zu den wichtigsten Ergebnissen der Einsatzvorbereitung gehören.

Nachfolgend sollen jene Komplexe erläutert werden, zu denen arbeitswissenschaftliche und speziell arbeits- und ingenieurpsychologische Ergebnisse vorliegen. Dabei sei der Vollständigkeit halber noch einmal darauf hingewiesen, daß man bei der wissenschaftlichen Analyse und Synthese von Arbeitsplätzen mit Bildschirmtechnik natürlich nicht durch isoliertes Vorgehen am Bildschirm (beispielsweise) das Verhältnis Mensch – Arbeitsprozeß insgesamt optimiert, sondern daß alle Einflußfaktoren zu beachten sind.

Da sich die wissenschaftlichen Grundlagen der Bildschirmtechnik sehr rasch entwickeln, ist es nicht zweckmäßig, eine generelle, starre Gestaltungsrichtlinie im Sinne eines „Rezeptes“ zu erarbeiten. Auch die Kriterien der Arbeitsgestaltung aus arbeitswissenschaftlicher Sicht werden weiterentwickelt. Deshalb ist Flexibilität eine entscheidende Forderung bei der Einsatzplanung und -vorbereitung von Bildschirmarbeitsplätzen.

Bei der Einsatzvorbereitung sollten Aussagen zu mindestens folgenden Sachverhalten beraten werden, wobei die letzten beiden den wesentlichen psychologischen Zugang enthalten:

Arbeitsumgebung
(Beleuchtung, Lärm, Klima, Raumgestaltung u. a.)
Hierzu ist bereits eine große Anzahl von Untersuchungen durchgeführt worden, die, gekoppelt mit entsprechendem arbeitsgestalterischem Wissen, schon gewisse Rahmenbedingungen abstecken lassen. Beispielsweise sollten die Bildschirmgeräte nicht in Fensternähe und dabei senkrecht zur Fensterfront aufgestellt werden, um unerwünschte Beleuchtung und Reflexionen zu vermeiden. Als Kompromiß für die Beleuch-

tungsstärke im Raum findet sich dabei in der Literatur wiederholt der Wert 300 bis 400 lx, da die Belege, Tastaturzeichen u. ä. ebenfalls zu lesen sein müssen. Wünschenswert ist auch eine Klimaanlage, um gegebenenfalls die Wärmeabgabe zu kompensieren. Auch über die vorteilhafteste Raumgestaltung ist gründlich mit den Werktätigen nachzudenken, um dem Bedürfnis nach Kommunikation Rechnung tragen zu können.

Arbeitsplatzgestaltung

Die vorliegenden anthropometrischen Daten sind auf die Konstruktion des Arbeitstisches, -stuhls, der Beleghalter, Fußstützen, des Bildschirmes und der Tastatur anzuwenden. Optimal ist es auf Grund der Streubreite von Blickfeld und Greifraum, wenn Datensichtgerät und Tastenfeld durch Neigung verändert werden können. Bei mehreren Nutzern des Bildschirmes muß dieser so mobil sein, daß jeder ihn sich „zurechtstellen" kann. Auch ist zu beachten, daß Arbeitsmittel wie Beleghalter, Schirm und Tastatur möglichst gleichen Beobachtungsabstand haben und die Unterschiede in der Leuchtdichte gering bleiben. Auf Grund geringerer Häufigkeit und Intensität der Akkomodation sind in diesem Fall die geringsten Augenermüdungen wahrscheinlich.

Einfluß technischer Parameter der Informationsdarbietung auf die Beanspruchung

Für die Leseleistung spielt neben der Buchstabenform auch das Kontrastverhältnis zwischen Schirmhelligkeit und Zeichen sowie die verwendete Farbkombination eine große Rolle. Empfohlen wird vielfach ein hell- bis mittelgrauer Hintergrund, sehr dunkle sind auszuschließen. Bei hohen Bildwiederholfrequenzen ($>$ 60 Hz) gilt die Positiv-Darstellung (dunkle Zeichen auf hellem Grund) als besser, so wie sie uns im täglichen Leben begegnet. Andere im Projektierungsstadium zu durchdenkende Parameter sind die Wahl der Bildfrequenz, der Anzahl von Rasterpunkten und, wichtig für den Dialog, die Wahl der Antwortzeit des Systems usw.

Darstellung der Information
Grundsätzlich ist davon auszugehen, daß das Informationsangebot die Art und Weise der Informationsverarbeitung durch den Werktätigen beeinflußt, also Genauigkeit, Geschwindigkeit oder Zuverlässigkeit der Arbeitsleistung bestimmt. Diese Wirkungen unterschiedlicher Darbietungsformen von Daten sollten für die Entscheidungsfindung beim Variantenvergleich unbedingt herangezogen werden. Weitere Forderungen an eine günstige Informationsdarbietung betreffen das Verdichten der Daten, ihre Anschaulichkeit und, wie bereits erwähnt, ihre rasche Zugänglichkeit. Vermieden werden sollten aufwendige (Zeit, Fehler) subjektive Transformationen zur Datenentschlüsselung und Auswertung.

Graphische Darstellungen, Tabellen, gut gegliederte Schriftbilder, deutliche Buchstaben und Zahlen (Größe, Farbe, Form, Schrift) und weitere Aspekte des Informationsangebotes sind differenziert untersucht. Auch solche Hinweise aus der Spezialliteratur wie z. B., daß Zeichenfolgen so gruppiert werden sollen, daß sie sprechbar sind, daß Kommunikation über Blickkontakte denkbar ist, daß das Display dem Bearbeiter bestimmte Handlungsalternativen anzeigt, daß gewählte Strukturierung der Daten die Informationsverarbeitung des Werktätigen unterstützt (s. Abb. S. 73) u. v. a., deuten die Vielfalt der Lösungsvarianten an.

Softwaregestaltung
Softwaregestaltung auf der Basis psychologischer Erkenntnisse heißt vor allem Dialoggestaltung, enthält aber auch Beiträge zum Aufbau der dem Dialog zugrunde liegenden Programme.

Im Bereich der Dialoggestaltung sind unter psychologischem Gesichtspunkt alle jene Probleme angesiedelt, die die Programmierung betreffen, sei es unter dem Aspekt der „Gliederung“, der Erlernbarkeit oder des strukturellen Aufbaus von Programmen. Viele Grundsatzfragen hierzu sind bisher ungelöst, z. B. gibt es noch kein Maß für die Komplexität oder Güte eines Program-

Kommandobezeichnungen	empirische Variante	experimentelle Variante
object code generation for module frame	OBFRA	OB-GEN-MF
source code hierarchy checking	SOHIE	SO-CHE-H
message file intializing	MEIN	ME-INI

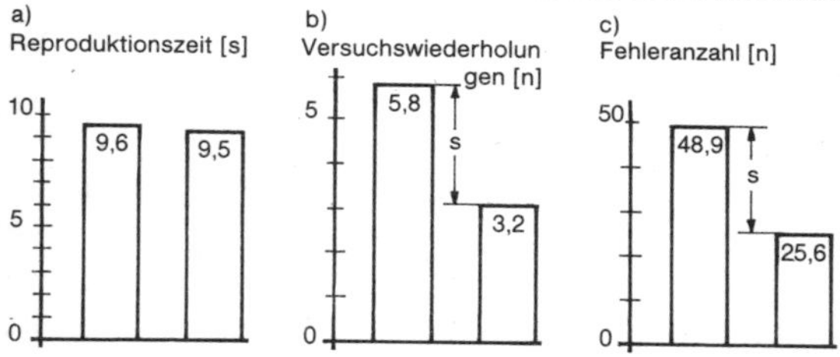

Beispiel für Kommandobezeichnungen und ihre Abkürzungen entsprechend den auf „Erfahrungen“ beruhenden Vorschlägen der Systementwickler und den experimentalpsychologischen Untersuchungen. Der Unterschied beider Kodierungsformen zeigt sich in einer drastischen Senkung der Lernzeit sowie der Fehler bei gleicher Reproduktionszeit.

mes, um unterschiedliche Darstellungen gleicher Aufgaben zu bewerten. Des weiteren sind im Zusammenhang mit der Dialoggestaltung den zeitlichen Abstimmungen und dem Umfang des Dialogablaufes Aufmerksamkeit zu schenken. Auch Möglichkeiten der individuellen Erweiterung von Dialogfunktionen sind zu beachten, z. B. gibt es bei den Beratungssystemen die Forderung, daß diese auf „Anfrage“ die Entscheidungen belegen. Und nicht zu vergessen – die Entwicklung der Dialogsprache mit dem Schwerpunkt Kommandosprache rückt immer mehr in das Blickfeld des Psychologen – aber dies wurde ja bereits in der Einleitung des Kapitels deutlich.

Abschließend ein kleines Beispiel aus der Arbeit des Psychologen zum Themenkreis der Kommandokodierung:

Von einem Betrieb wurde die Frage danach aufgeworfen, wie Kommandonamen für ein spezielles Dialogsystem aufzubauen sind. Das Dialogsystem dient der Entwicklung von Software, die Nutzer des Systems waren ausgebildete Programmierer. Auf Grund der Komplexität des Software-Entwicklungsprozesses ist das entsprechende Dialogsystem recht umfangreich. Die Abb. (s. S. 125) zeigt einige vom Hersteller auf Grund von „Erfahrungen“ vorgegebene Abkürzungen. Die praktische Frage bestand nun darin, zu prüfen, ob diese willkürlich gewählten Abkürzungen für den Mensch-Rechner-Dialog vorteilhaft sind.

Die mit der Untersuchung beauftragten Psychologen versuchten, mit Hilfe gedächtnispsychologischer Methoden herauszufinden, wie die Kommandos im Gedächtnis der zukünftigen Nutzer repräsentiert sind. Aus diesen Untersuchungen konnten allgemeingültige Prinzipien abgeleitet werden, nach denen Kommandoabkürzungen aufzubauen sind.

In der Abb. (s. S. 125) sind Beispiele für den neuen Abkürzungskode angegeben. Und worin besteht der Nutzen?

Der Lernaufwand ist bei der neuen Variante nur etwa halb so groß wie im Vergleich zur ursprünglichen (s. Abb. S. 125).

Auch die Fehlerzahl des überarbeiteten Abkürzungskodes sank gegenüber der ursprünglichen Kodierung auf die Hälfte ab (s. Abb. S. 125).

Kürzere Lernzeiten und weniger Fehler – wichtige Kriterien für den ökonomischen Beitrag der Untersuchungen!

Der Computer ist Diener des Menschen

Fassen wir die bereits erhobenen methodologischen Forderungen für die Mensch-Maschine-Kommunikation zusammen und beachten dabei, daß sowohl die Arbeitsbedingungen wie die Arbeitsaufgaben die persönlichkeitsbildenden Bereiche für die Arbeitstätigkeit sind, so ergeben sich folgende Grundsätze:

1. Die Anforderungen müssen sowohl planende als auch routinemäßig zu bewältigende Abschnitte vereinen. Es sind daher Dialogformen zu entwickeln, die hohe Selbständigkeit in der Tätigkeit belassen und die auch Komponenten der Ausbildung (evtl. im technischen System gespeichert) berücksichtigen. Weiter sorgt ein disponibler Arbeitsablauf (z. B. Arbeitsplatzwechsel mit der Möglichkeit, nicht ständig am Display zu sitzen) dafür, daß der Werktätige die Initiative beim Umgang mit der Datenverarbeitungsanlage hat und nicht auf Systemanforderungen reagieren muß. Zeitdruck sollte in jedem Fall vermieden werden.
2. Der Tendenz zur Verringerung der Kommunikationsmöglichkeiten ist durch bewußtes Aufbauen von sozialen Beziehungen entgegenzuwirken.
3. Die Qualifikation der Werktätigen, die für die in Rede stehenden Arbeitstätigkeiten vorgesehen sind, hat umfassend zu erfolgen, d. h. nicht nur im Sinne einer Unterweisung zum „Bedienen". Nutzerschulungen werden bei der Qualifizierung kaum noch fehlen können.
4. Die Information auf dem Bildschirm muß in einer aufgabenadäquaten Kodierung erfolgen.
5. Arbeitsmedizinische Tätigkeitsvoraussetzungen sind auf Grund der (wahrscheinlich) veränderten psychophysischen Anforderungen unbedingt zu prüfen und zu schaffen, die umfangreiche Literatur hierzu ist arbeitsplatzspezifisch sehr aussagefähig.

Anliegen dieses Abschnittes war es, die wichtigsten psychologischen Gesichtspunkte für den Einsatz der Computertechnik zu skizzieren. Sie sind durch das Befragen der einschlägigen Literatur zu präzisieren und zu erweitern. Als Maxime des wissenschaftlich-technischen Fortschritts auch in diesem Bereich hat zu gelten: Der Mensch bedient nicht die Peripherie automatischer Datenverarbeitungsanlagen, sondern er setzt die Rechentechnik für eine höhere Arbeitseffektivität und -produktivität so ein, daß er sich in dieser Tätigkeit selbst weiterentwickelt und wohl fühlt!

Die zahlreichen Probleme und Widersprüche, die bei der Verwirklichung dieser Maxime auftreten können, fordern zur Vervollkommnung der Technik und zur Intensivierung der Forschung heraus. Ausdrücklich soll hervorgehoben werden, daß hierbei auch die möglichen Langzeitwirkungen der neuen Technik zu ermitteln sind. Denn so, wie das Umwälzende in der industriellen Revolution im 18./19. Jahrhundert lange Zeit viele Probleme, die durch die Muskelarbeit aufgeworfen wurden, als Forschungsgegenstand prägte, so müssen heute und in der Zukunft die Wissenschaften all die Probleme lösen, die sich aus den grundlegenden qualitativen Veränderungen infolge des wissenschaftlich-technischen Fortschrittes im gesamten geistigen Arbeitsbereich ergeben.

Nur dann sind Aussagen über den bestmöglichen Einsatz des Computers in der Schule möglich, nur dann wird es gelingen, Computer in der Freizeit schöpferisch zu nutzen, und nur dann wird der Mensch-Maschine-Dialog in der Arbeitstätigkeit nicht zum Quell neuer Neurosen und Zwänge, sondern Tätigkeitsform intelligenter Menschen.

Schlußbetrachtung: Zwischen Psychologie und Technik

Mit Beginn des 20. Jahrhunderts führten die raschen Fortschritte von Technik und Technologie zur verstärkten Interaktion zwischen Mensch und Maschine. Probleme der Wahrnehmung und Motorik rückten in das Blickfeld des Technikers, und die Quantifizierung psychologischer Sachverhalte wurde gefordert. Direkt oder indirekt anknüpfend an die Psychotechnik, wurden im Zeitraum zwischen 1940–1955 vor allem Fragen der Quantifizierung psychischer Komponenten für den Entwurf von Mensch-Maschine-Systemen bearbeitet. Aussagen zu Geschwindigkeit und Genauigkeit sensomotorischer Koordinationsleistungen sowie die Berücksichtigung anthropometrischer Bedingungen galten als wichtige Beiträge, um optimale Mensch-Maschine-Systeme zu schaffen. Diese Entwicklungsphase wurde abgelöst von dem Versuch, mit Hilfe der in dieser Zeitspanne vertieft ausgearbeiteten Systemtheorie die Mensch-Maschine-Systeme zu simulieren und mathematische Beschreibungsmodelle für das Verhalten des Menschen zu entwickeln. Hauptziel dieser Bemühungen war es, dem Techniker „harte" Daten über verschiedene Leistungskomponenten übergeben zu können, um so die Verbindung zwischen Mensch und Maschine „optimieren" zu können. Mit der Computertechnik wurde ungefähr ab 1970 eine weitere Phase der Kooperation zwischen Psychologie und Technik eingeleitet, die mit dem Begriffspaar „Computer und kognitive Psychologie" umschrieben werden kann. Hierbei geht es darum, menschliche Funktionsprinzipien der Informationsverarbeitung und -speicherung aufzuklären und durch diese Erkenntnisse Impulse sowohl für das Konstruieren wie auch den Einsatz der „intelligenten Technik" zu setzen.

Die in diesen Entwicklungsetappen der Beziehungen zwischen Mensch und Technik entstandenen neuen Arbeitsbedingungen, -aufgaben und -anforderungen wurden vorwiegend im Teil 3 dieser Broschüre umrissen: Neuartige Überwachungstätigkeiten, die notwendige Fernwirktechnik, geänderte Verhältnisse von körperlicher zu mehr geistiger Arbeit und das Integrieren von elektronischen Datenbasen, Entscheidungshilfen oder Expertensystemen in die Arbeitstätigkeit zwingen dazu, sowohl die Inhalte wie auch die mit ihnen verbundenen Folgen der Arbeitstätigkeit so früh und so weit wie möglich im voraus zu planen. Denn bedenken wir:

Bereits beim Projektieren der Arbeitsmittel, bei der Auswahl von Technologien u. a. wird darüber entschieden, ob in der künftigen Arbeitstätigkeit Komponenten enthalten sind, die auf das Befinden positiv wirken oder aber den Werktätigen in seinem Erleben und Verhalten negativ beeinflussen. Diese Konsequenzen der technisch-technologischen Festlegungen können je nach Wissen des Technikers beabsichtigt auftreten. Stets werden jedoch vom Konstrukteur der Arbeitsmittel oder vom Technologen die Anforderungen und damit Arbeitsinhalte für den Menschen durch sein Projekt festgelegt, also über vielseitige oder einseitige, qualifizierende oder dequalifizierende Beanspruchung körperlicher wie geistiger Dispositionen entschieden. Da anspruchsvolle und interessante Tätigkeiten selten ohne planendes Zutun entstehen, progressive Arbeitsinhalte sich also kaum im Selbstlauf ergeben, sind alle Faktoren, die das Verhalten bestimmen, gezielt zu berücksichtigen.

Die Gestaltung der Arbeit, speziell der Arbeitsfunktionen, im Sinne der Tätigkeitsprojektierung ist damit kein Randproblem. Im Gegenteil, hierin liegt der entscheidende Zugang, Persönlichkeitsformung im Arbeitsprozeß zu verwirklichen, wie sie für die Verbindung des wissenschaftlich-technischen Fortschritts mit den Möglichkeiten unserer Gesellschaftsordnung charakteristisch ist. Denn letztlich ist ausschlaggebend, wie der wissenschaftlich-technische Fortschritt den sozialen Fortschritt befördert. Dies betrifft die Einheit von Effektivität und Humanität ebenso wie die Demokratie am Arbeitsplatz oder die Geborgenheit aller. Es gilt, bereits beim Entwurf eines Mensch-Maschine-Systems auf dem konkreten Niveau der Produktivkräfte Arbeitsbedingungen und -anforderungen zu schaffen, die die Persönlichkeitsbildung auch im Arbeitsprozeß gestatten und damit Grundlage hoher Arbeitsproduktivität sind. Die Arbeitsfunktionen dürfen keine „Restgrößen" technischer Projektierungsvarianten sein, in denen der Werktätige als Lückenbüßer technologischer Unvollkommenheiten diese „kompensiert". So kann es beispielsweise bei der Projektierung einer Anlage nicht allein um eine höchstmögliche Automatisierungsstufe gehen – dies wäre eine rein technische Orientierung. Da Automatisierungsstufe und Arbeitsinhalt durchaus nicht in gesetzmäßigem Zusammenhang stehen müssen, kommt es auf die optimale Automatisierungsstufe an. Darunter sei jene Stufe verstanden, die maximale Arbeitsproduktivität mit progressivem Arbeitsinhalt verbindet. Dies beinhaltet, die Entscheidung über die Funktionsverteilung zwischen Werktätigem und technischer Anlage sowie über Aufgabenverteilung und -kombination im Kollektiv nicht allein unter technischem Aspekt zu fällen, sondern ebenso ökonomische, soziale und psychologische Gesichtspunkte zu berücksichtigen.

Beispiele belegen, daß eine genau durchdachte Vorausplanung der den Menschen im Arbeitsprozeß zugedachten Aufgaben – in Übereinstimmung mit den durch den wissenschaftlich-technischen Fortschritt gegebenen Möglichkeiten – den Werktätigen vor Über- oder Unterforderung schützen kann. In der produktionsvorbereitenden Phase wird also nicht nur der technische Höchststand bestimmt, sondern es wird auch der – günstigenfalls noch modifizierbare – Spielraum für die Qualität der Arbeit, d. h. ihr Beitrag zur Persönlichkeitsentwicklung im Arbeitsprozeß festgelegt. Langfristig wirksame Automatisierungskonzepte können bereits aus diesem Grund nicht ohne psychologische Kriterien entwickelt werden. Aus diesen sind die einzelnen Gestaltungsvarianten für die Arbeitsaufgaben, die Arbeitsmittel, die Arbeitsorganisation, die Ausbildung usw. mit abzuleiten. Allerdings gibt es gegenwärtig noch keine abgeschlossene psychologische Methodologie, die analog technischer Erkenntnisse das Umsetzen psychologischer Resultate in die Praxis leitet. Jedoch zeichnen sich wesentliche Elemente hierfür ab. Neben den personalen Dispositionen bildet die Formung der Arbeitsaufgaben ihr Kernstück, da erst die Wechselwirkung beider Komponenten die späteren Anforderungen bzw. Arbeitsinhalte vorzeichnet. Das bedeutet, die Fähigkeiten und Fertigkeiten des Werktätigen unter konkreten Bedingungen durch weitreichendes Integrieren aller mit dem Produktionsprozeß direkt und indirekt verknüpften Arbeitsbereiche zu nutzen und zu entwickeln.

Für Aufgabenkombinationen und -verteilung sind somit neuartige Lösungen erforderlich, um tatsächlich progressive Arbeitsinhalte zu schaffen. Damit ist bereits mit dem Automatisierungskonzept das voraussichtliche „Ensemble der Handlungen" bestimmt – vom Niveau der Fertigkeiten bis hin zu solchen mit Problemlösungscharakter. Mit derartigen Festlegungen sind auch wesentliche Bedingungen für die Arbeitstätigkeit fixiert: die Art und Weise der Informationsdarbietung, der internen und externen Speicherung der im Mensch-Maschine-System zu verarbeitenden Informationen, die Formen der Rückmeldung und die damit im Zusammenhang stehenden Entscheidungsprozeduren sowie die arbeitsorganisatorischen Bedingungen. Diese Aspekte werden mit unterschiedlicher Intensität gegenwärtig im technisch-technologischen Projektierungsprozeß aufgegriffen, wobei die Ursachen für die unterschiedliche Intensität oft in einem unterschiedlichen Kenntnisstand des Bearbeiterkollektivs zu suchen sind.

Die dargestellten gesellschaftlichen Forderungen und Entwicklungslinien der wissenschaftlich-technischen Arbeit machen auf eine weitere Tendenz in den Beziehungen zwischen Psychologie und Technik aufmerksam, die für die Effektivität bei der Umsetzung psychologischer Erkenntnisse in Zukunft immer bestimmender wird. Es ist das gesamte Leistungsspektrum der Psychologie gefordert, das bez. seiner Beiträge für ein sozialistisches Gesicht der Technik stets als Ganzes wirkt. Die Ausführungen belegen, daß die Verflechtungen von Psychologie und Technik enger werden und zu einer echten Partnerschaftsbeziehung zu entwickeln sind. Und mit diesen indirekten Forderungen an die Leiter von Kombinaten und Betrieben rundet sich das Bild vom Spannungsfeld zwischen Psychologie und Technik. Natürlich wird auch in Zukunft gelten „Omnia vincit labor – die Arbeit besiegt alles". Also stellt die Frage, ob Arbeit „Last oder Lust" ist, keine Alternative dar. Damit Arbeit Freude bereitet, interessant ist und Wohlbefinden bewirkt, muß auch zukünftig jeder einzelne bereit sein, Mühen auf sich zu nehmen und Anforderungen zu bewältigen. Arbeit ist immer mehr oder weniger Lust *und* Last.

Soll der Anteil von „Lust" gegenüber „Last" steigen, müssen alle technischen, ökonomischen und sozialen Ziele bewußt und als Einheit geplant und verwirklicht werden. Um progressive Arbeitsinhalte als wichtige Motivationsbasis zu sichern, macht es sich erforderlich, daß der Psychologe gemeinsam mit dem Techniker, dem staatlichen Leiter und dem Werktätigen die projektierten menschlichen Tätigkeitskomponenten und technischen Leistungen in interdisziplinären Projektierungskollektiven berät und abstimmt. Die Priorität gebührt dabei den menschlichen Tätigkeitskomponenten. Die Technik dient also dazu, die Arbeit schrittweise als Hauptsphäre der Persönlichkeitsbildung zu erschließen, „... indem ...", wie Engels schrieb, „... sie jedem einzelnen die Gelegenheit bietet, seine sämtlichen Fähigkeiten ... nach allen Richtungen hin auszubilden und zu betätigen, und in der sie so aus einer Last eine Lust wird."

Verwendete und weiterführende Literatur

Teil 1:
Arbeit im Wandel der Zeit

Brentges, H., S. Richter und R. Sonnemann (Hrsg.): Geschichte der Technik. Leipzig 1978
Herrmann, J.: Zur Herausbildung der Menschheit. Wissenschaft und Fortschritt 1, 1982
Klix, F.: Erwachendes Denken. Berlin 1984

Teil 2:
Psychologie im Arbeitsprozeß

Autorenkollektiv: Empfehlungen zur Gestaltung von Arbeitsinhalten für Betriebe und Kombinate.
Arbeitswissenschaftliche Beiträge für Wissenschaft und Praxis 10, 1982
Hacker, W.: Allgemeine Arbeits- und Ingenieurpsychologie. Berlin 1982
Hacker, W.: Spezielle Arbeits- und Ingenieurpsychologie, Bd. 1 und 2. Berlin 1985
Klix, F.: Information und Verhalten. Berlin 1979

Teil 3:
Mensch und Maschine im Blickfeld der Psychologie

Gilson, W. (Hrsg.): Leitwartengestaltung bei neuen Automatisierungsstrukturen. Berlin (West)/Offenbach 1982
Klix, F., und H. Wandke (Hrsg.): MACINTER-I. Amsterdam 1986
Matern, B., H. Raum, R. Schindler und E. Wetzenstein-Ollenschläger: Psychologische Aspekte der Bildschirmarbeit. Zeitschrift für Psychologie, Supplement-Band 5, 1983
Sintschenko, W. P., W. M. Munipow und G. L. Smoljan: Ergonomische Grundlagen der Arbeitsorganisation. Berlin 1976
Neumann, J., und K.-P. Timpe: Psychologische Arbeitsgestaltung. Berlin 1976
Volpert, W.: Zauberlehrlinge. Berlin (West) 1985

Psychologie populär

Bisher erschienen:

K.-P. Timpe:
Zwischen Psychologie und Technik
Hochtechnologien · Persönlichkeit

Ch. Tögel:
Träume – Phantasie und Wirklichkeit
Tatsachen · Deutungen · Theorien

E. Winter, I. Stoiber, H. Engel:
Schicksal Abhängigkeit?
Ausweg aus Problemen mit sich und dem Alkohol

In Vorbereitung:

K. Schneider:
Erfolgreich leiten – aber wie?
Autorität · Konflikte · Vertrauen

A. Katzenstein/E. Sitte:
Angst
Wesen · Entstehung · Bewältigung

H. Dettenborn:
Abwege in die Straftat
Gefährdungen · Folgen · Auswege

VEB Deutscher Verlag der Wissenschaften
Berlin DDR-1080 Berlin
Johannes-Dieckmann-Straße 10
Philosophie · Geschichte · Psychologie
Mathematik · Physik · Chemie